香港政制
常識解難
101

香港政制常識解難101

陳曙峰　著

商務印書館

香港政制常識解難101

作　　者：陳曙峰

責任編輯：林婉屏

封面設計：張毅

出　　版：商務印書館 (香港) 有限公司

　　　　　香港筲箕灣耀興道 3 號東滙廣場 8 樓

　　　　　http://www.commercialpress.com.hk

發　　行：香港聯合書刊物流有限公司

　　　　　香港新界大埔汀麗路 36 號中華商務印刷大廈 3 字樓

印　　刷：陽光印刷製本廠有限公司

　　　　　香港柴灣安業街 3 號新藝工業大廈 (6 字) 樓 G 及 H 座

版　　次：2013 年 2 月第 1 版第 3 次印刷

　　　　　© 商務印書館 (香港) 有限公司

　　　　　ISBN 978 962 07 6474 5

　　　　　Printed in Hong Kong

序

　　政治對很多香港人來說，往往是似近還遠，既是每天在生活中、傳媒上接觸到的東西，卻礙於自小缺乏這方面的教育，對一些艱澀的概念望而生畏，而打擊了進一步了解、分析的興趣。這種現象，筆者過去十多年在大學及大專教授政治學時感受至深。故在商務印書館的編輯朋友鼓勵下，出版此書，期望以有趣的手法，介紹一些香港政治的重要概念，讓初學者在學習時不會產生挫折感，進而能對研究香港政治產生興趣。

　　事實上，坊間雖然有不少有關香港政治的書籍，但都是以英語書寫的大堆頭學術著作為主，對初學者而言，要掌握內容可能十分吃力，特別是對新高中通識課的學生而言，需兼顧各個科目，更難花太多時間鑽研這方面的知識。這本書正好透過以往在教學時學生提出的問題，用趣味的文字、故事來回答，使初學者不會一開始便卻步，在對概念有初步認識後，再找相關的學術文章作深入的研究。例如書中提到立法會總予人吵吵鬧鬧，建樹不足的印象，其實與《基本法》中限制了立法會的權力有關，由於提案權受到限制，立法會議員只能夠集中力量於監察政府施政，挑剔政府的表現，從而爭取公眾支持。當讀者對香港的政治運作有初步的了解，日後要深入研究改革的方案便會駕輕就熟。

　　本書共分為九個部分。首先，透過"回歸前後"及"憲政基礎"兩章介紹了香港政治的特點及各個政治單位的制度基礎，讓讀者在深入了解各個政治單位的特色前，可以對香港的宏觀政治環境有一定的掌握。接着，本書將介紹一般政府結構中的三個部門，即"行政"、"立法"及"司法"，除了介紹三者一般的權力外，亦會針對香港特殊的制度安排作一些深入分析，例如"高官問責制"、"終審法院"等。除了這三個必要的部門外，香港政治不得不提的是"地方行政"及"法定機構及諮詢組織"這兩個在港英年代有效運作的制度。"地方行政"令政府可以在社會問題於地區開始萌芽時，便能適時發現及由前線人員解決；"法定機構及諮詢組織"令政府在制訂政策前有一定的渠道掌握民意及容許部分市民參與政策制訂。本書最後介紹香港的主要政黨及民間團體，還有中港關係的討論。政治運作的參與者除了政府各個組成部分外，還需要政府外部的一些團體，例如政黨，發揮政府與民間的橋樑作用，同時對各項政策提供專業意見。此外，隨着香港回歸，在中港融合的政治現實下，讀者亦有需要了解與中港關係相關的政治機構及經濟政策。

本書最終能夠完成，商務印書館的編輯朋友居功至偉，特此鳴謝。

目　錄

III. 行政機關

IV. 立法機關

V. 司法制度

VI. 地方行政

VII. 法定機構及諮詢組織

VIII. 政黨、民間團體

IX. 中央與特區

香港特別行政區政府組織圖

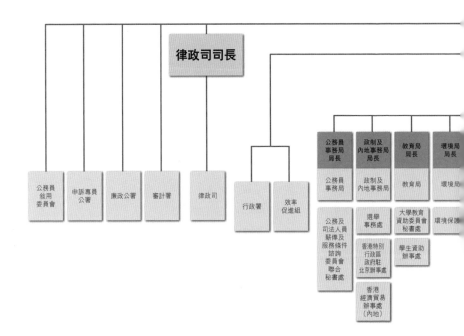

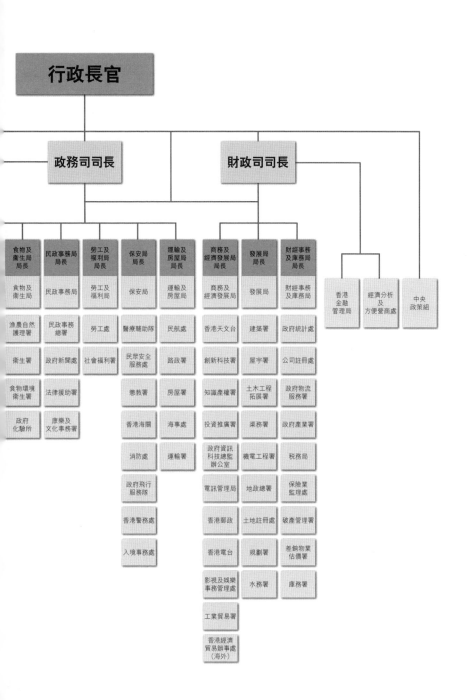

行政長官

政務司司長　　　　財政司司長

食物及衞生局局長	民政事務局局長	勞工及福利局局長	保安局局長	運輸及房屋局局長	商務及經濟發展局局長	發展局局長	財經事務及庫務局局長
食物及衞生局	民政事務局	勞工及福利局	保安局	運輸及房屋局	商務及經濟發展局	發展局	財經事務及庫務局
漁農自然護理署	民政事務總署	勞工處	醫療輔助隊	民航處	香港天文台	建築署	政府統計處
衞生署	政府新聞處	社會福利署	民眾安全服務處	路政署	創新科技署	屋宇署	公司註冊處
食物環境衞生署	法律援助署		懲教署	房屋署	知識產權署	土木工程拓展署	政府物流服務署
政府化驗所	康樂及文化事務署		香港海關	海事處	投資推廣署	渠務署	政府產業署
			消防處	運輸署	政府資訊科技總監辦公室	機電工程署	稅務局
			政府飛行服務隊		電訊管理局	地政總署	保險業監理處
			香港警務處		香港郵政	土地註冊處	破產管理署
			入境事務處		香港電台	規劃署	差餉物業估價署
					影視及娛樂事務管理處	水務署	庫務署
					工業貿易署		
					香港經濟貿易辦事處（海外）		

香港金融管理局　　　經濟分析及方便營商處　　　中央政策組

回歸前後

香港在 1997 年 7 月 1 日正式回歸中國，成為中華人民共和國的一個特別行政區。香港在回歸的過程中並不是一帆風順，不少事情值得我們探討。

香港的非殖民地化與其他英國殖民地有所不同，香港並不會成為一個主權獨立的國家，而是英國把香港的主權交回中國，所以香港的非殖民地化比較複雜，涉及中英雙方就過渡安排及回歸後制度的討論。

中英雙方在 70 年代尾開始就香港前途問題有所接觸，並在 1982 年展開長達兩年的談判，最後簽訂了《中英聯合聲明》，確定了回歸的過渡安排及中方在收回香港的方針政策。在會談的過程中，英方曾反對香港主權回歸中國，其後態度軟化，但仍希望維持在香港的管治，結果在中方的堅決反對下，英方願意歸還香港。此外，香港回歸的另一個問題是港人擔心中國收回香港後，會實施內地的社會主義制度。為釋除港人疑慮，中國政府提出 "一國兩制、高度自治、港人治港、五十年不變" 的承諾。

在中英兩國達成協議後，香港回歸進入具體的工作安排，首要任務是確立香港未來的憲制基礎，於是成立了香港基本法起草委員會及香港基本法諮詢委員會，但由於起草時間跨越五個年頭，當中香港及內地發生了不少變化，而影響到《基本法》草稿的內容亦需要多次修改，最終在 1990 年 4 月 4 日的全國人民代表大會上得到通過，但距離實施日期還有七年多的時間，其中產生了的政治變化，亦影響《基本法》在回歸後的實施。

001 香港的身分

香港往昔被譽為 "東方之珠"，但隨着九七回歸的政治轉變、98 年亞洲金融風暴的衝擊，及其後的社會及公共衛生等問題被打得一蹶不振。相反，同樣位於亞洲，與香港並列 "亞洲四小龍" 美譽的新加坡，則迅速從金融風暴中復甦起來，不但經濟表現突出，每年在競爭力報告中更位列前茅，把香港比下去。因此，過去十多年不少人把香港與新加坡作比較，以突出香港回歸後在管治及經濟表現上的不濟。然而，這種比較是否合適，對香港又是否公平呢？

香港不是一個國家

不少評論都喜歡拿香港與新加坡作比較，連中國總理溫家寶亦曾建議特首曾蔭權要學習新加坡的管治方式。事實上，撇除新加坡的家長式管治不談，其在政府效率、社會制度、社區環境、吸引人才方面，的確比香港優勝，難怪不少內地名人如鞏俐、李連杰等都移居當地。香港辦亞運受到四面八方的批評，但新加坡辦一級方程式賽車、開設賭場，卻沒有遇到半點阻力。新加坡能擁有高效管治，也許與其家長式專制管治有關，惟這是香港難以效法亦不願模仿的。此外，由於新加坡是一個 "國家"，因此對國內事務有絕對的話事權，令政策的推行更為順利，然而，香港不是一個國家，固此強行將香港與新加坡比較並沒有意義。

在歷史上，中華人民共和國政府一直不承認割讓及租借香港 (包括香港島、九龍半島及新界) 予英國的三條不平等條約，在其眼中，香港並非英國的殖民地，九七回歸只是中國政府恢復對香港行使主權，而香港主權從來沒有交過給英方。因此，香港不會像英國其他前殖民地般，在非殖民地化後成為獨立國家。

　　正如後來出任中央政策組首席顧問的中文大學教授劉兆佳早在 80 年代便曾指出，香港政治發展的最大背景，就是香港須經歷一個 "沒有獨立的非殖民地化（Decolonialization without independence）"，不能成為一個獨立國家及擁有同等的政治地位。要了解香港政治，則必須明白這個特殊情況對具體管治的影響。而將香港與另一個主權國家作比較（例如新加坡），就是弄錯了分析的層次。

香港與新加坡之實際分別

　　論到香港與新加坡相似之處，是大家均擁有領土、人民及政府，但卻沒有如新加坡的<u>現代國家</u>所擁有的主權，即對領土內務的最後及最高話事權，香港只有所謂的 "高度自治"，而且是由擁有主權的中央政府所賦予的，故此香港不論在政治、司法，甚至經濟方面，皆沒有最終的決定權。

> **現代國家：**現代國家的概念始自 1648 年，歐洲宗教戰爭後，新興的獨立國家不單擁有土地、人民及政府，更強調主權不受教廷干預。

　　政治上，香港市民明白到政治制度存在結構性問題，在立法會選舉中獲得最多選票支持的民主派，因選舉制度的關係，在立法會中的所佔席位並不多，只有四成，而特首只是由主要代表工商、專業界別的 1200 人選舉產生，令社會上大多數選民的意願不能充分被反映，但政治改革卻要得到擁有主權的中央政府肯首。

　　此外，經濟上《基本法》雖申明了香港經濟及財政獨立，但為了配合國家的全盤考慮，香港的一些經濟決定亦不能推展。明顯的例子是不少商界人士建議發展娛樂博彩業務，但在恐怕變成澳門的競爭對手下，而被中央叫停。相反，新加坡發展賭業，卻不用考慮會搶走馬來西亞的客源。這正是獨立國家的優勢，硬把香港這個地方政府與一個獨立國家相比，並不公平。

英皇制誥及皇室訓令

香港發展至今，優良的法治體系被譽為其中一個成功的基石。法律條文清晰，公平合理，政府行事有規矩可循，市民有法可依，爭拗減少，行政效率自然高。然而，香港並非一個獨立國家，沒有本身的憲法，那麼香港的法律基礎，到底是如何由零開始建立的呢？

香港憲法性文件來源

香港現時雖然有《基本法》規定政府的架構及權力，以賦予香港市民基本權利，但在港英統治的 155 年間，香港並沒有自己的“小憲法”，法律基礎主要來自英皇的“聖旨”。事實上，英國作為一個獨立國家，亦是國際上少數沒有統一憲法的國家，所謂的憲法性文件，都是英皇過去與貴族、人民所立下的契約，或一些約定俗成的憲政慣例。所謂“君主立憲”，就是英皇需要受到這些協約的規範，只保留部分特權(**皇室特權**)，並將大部分權力交予國會及內閣，英皇的決定只是形式上行禮如儀。而港英年代香港的憲法性文件，正是英皇根據大臣建議所頒佈的法令。

香港島、九龍半島及新界，是在《南京條約》(1842)、《北京條約》(1860)及《展拓香港界址專條》(1898)的三條不平等條約下強行割讓或租借給英國的，而英政府在簽訂協議後，亦相繼頒佈了《香港憲法》、《九龍敕令》及《新

皇室特權：英國自 1668 年光榮革命後確立了君主立憲的制度，皇室在政治上的實際權力被大幅削去，只保留一些名義上的權力，稱為“皇室特權”，例如解散國會的權力等。但在英國的憲政慣例下，皇室不可干預政事，所以這種權力都是在內閣首相的建議下才作形式上的行使。

界敕令》。當時的英國君主正是英國歷史上在位時間最長的維多利亞女皇（任期由 1837~1901），故可說是女皇的"聖旨"。

影響最深遠的命令

　　但是，影響香港政治及法律制度最深遠的還是 1917 年頒佈的《英皇制誥》及《皇室訓令》。《英皇制誥》建立了港英政府的政府架構，規範了行政、立法及司法的組成及權力。在 80 年代，香港政府增加立法局的民選議席，也要修改《英皇制誥》中的相關條文。至於《皇室訓令》，則是指令行政、立法的具體運作細節。今天這兩個港英年代的憲法性文件，已經隨着九七回歸而失去效力。然而，一些規定在現今的政治制度中仍然沿用，例如《皇室訓令》指明立法局議員有資格在立法局會議上提出問題，並按照規例進行辯論，這些權力，在《基本法》中亦有賦予回歸後的立法會。至於是否為特區政治埋下地雷，則是見仁見智。

003 中英會談

　　1982 年 9 月 22 日，時任英國首相的戴卓爾夫人到北京訪問，就香港回歸問題於人民大會堂會見中國領導人鄧小平後，步出門外時不慎摔了一跤。這歷史性的一跌，被認為象徵了英國政府在香港前途問題上面對着陌生而強硬的中共政權，將來的談判工作是艱辛而曲折的。

　　中英兩國政府在戴卓爾夫人訪華後，就香港回歸問題正式進入談判階段，首階段至 1983 年 6 月主要討論原則問題；第二階段由 1983 年 7 月至 1984 年 9 月，則集中在細節安排。每輪會議後雙方總表示會議有益及有建設性，可是，實際的談判並非如此一帆風順，期間更曾導致香港經濟出現危機。究其原因，乃是雙方立場的巨大鴻溝所致。

談判破裂

　　自改革開放後，中共走出建國初期政治混亂及經濟拮据的情況，加上割地賠款的歷史一向被視作國恥，中共領導人遂修改周恩來對港的拖延及利用政策，不肯承認三個不平等條約、否認英國在港的主權、要求在 1997 年正式收回香港。這種強硬及不妥協的態度，不但超出英國政府的想像，更造成雙方的矛盾，令談判顯得十分困難。

　　英國政府截至戴卓爾夫人訪華前，一直堅持三個不平等條約的有效性，要求中方承認香港島及九龍半島的主權屬於英方所有。最後，由於中方堅持，加上香港的基本生活需要及經濟命脈都操於中國之手，形勢你強我弱，英方最後也同意中國在 1997 年 7 月 1 日可以恢復行使香港的主權。於是，雙方便進入第二階段的具體談判安排，但開始時並不順利。英方雖然認同中國擁有香港的主權，但卻仍希望在回歸後繼續管理香港，以保障在港的商業利益，遂提出"**主權換治權**"的要求。然而，中方堅持要全面收回香港，拒絕英方的要求。

> **主權換治權**：英方提出"以主權換治權"，即是英國政府不再強調三個不平等條約的權益，表面上承認中國擁有香港的主權，以換取英國可以繼續管治香港的權利。

聯繫匯率的出現

談判處於膠着狀態，香港前景不明朗，引發香港人的信心危機，處於自由浮動狀態的港元，匯率急挫，在 1983 年 9 月 23 日，所謂"黑色星期六"，港元兌一美元跌至歷史性的九元六角，超級市場出現搶購糧食潮，市面陷入一片恐慌。最終，英國政府屈服，在 1983 年 10 月 14 日致函中國政府，放棄原有立場，重回談判桌。同時，在翌日宣佈建立"聯繫匯率"，掃除經濟陰霾。

中英談判時序簡表

日期	重要事項
1979 年 3 月	時任港督麥理浩訪問北京，向鄧小平提出香港前途的問題，鄧堅持要收回香港
1982 年 9 月 24 日	英國首相戴卓爾夫人訪華，在北京人民大會堂與鄧小平會面，雙方未能就香港前途的問題達成共識
1983 年 7 月 12 至 13 日	中英雙方在北京展開香港前途會談的第一輪會議
1983 年 9 月 22 至 23 日	中英會談第四輪會議，傳出雙方談判破裂的消息，觸發香港市民恐慌，港元兌美元一度跌至 1 美元兌 9.6 港元的歷史水平
1983 年 10 月 15 日	香港政府為了拯救疲弱的港元，推出"聯繫匯率"，把港元兌美元的匯率固定在 7.8 兌 1
1984 年 4 月	英國外相訪華，放棄英國擁有香港主權及治權的立場，中英談判的障礙逐步消除
1984 年 9 月 26 日	中英兩國的代表在北京簽署《中英聯合聲明》的草案
1984 年 12 月 19 日	中國國務院總理趙紫陽與英國首相戴卓爾夫人在北京正式簽署《中英聯合聲明》

004　一國兩制、高度自治、港人治港、五十年不變

聯合聲明：聯合聲明的全名為《中華人民共和國政府和大不列顛及北愛爾蘭聯合王國政府關於香港問題的聯合聲明》，由當時的中國總理趙紫陽及英國首相戴卓爾夫人在 1984 年 12 月 19 日簽署。內容主要涉及中國政府的對港方針及有關過渡期的安排。

中英兩國經歷了兩年的談判，終於在 1984 年 12 月 19 日在北京簽署了《聯合聲明》，作為香港回歸安排的政治基礎。當中最主要是貫徹鄧小平對收回香港的十七字承諾："一國兩制、高度自治、港人治港、五十年不變。"

當中英兩國開始為香港回歸而談判時，普遍香港人都為將來被共產政權統治而擔憂，特別有不少人在數十年前，根本是為了逃避內地紛亂的政治狀況而跑到香港尋求新生活的。為了解決港人的信心問題，爭取港人支持回歸，鄧小平於是提出了這"十七字真言"。然而，這種具中國特色的政治口號，往往會產生在具體細節上的爭拗，自 1984 年開始，大大小小政治風波，多少都與這"十七字"有關。

"十七字真言"的解釋

"一國兩制"，泛指在中國一個國家之內，存在着兩種不同的社會制度，即內地的社會主義及香港的資本主義制度。在過去，"一國兩制"出現兩類爭論：一是兩制之中若有衝突，何者有最後決定權？即"一國"是否高於"兩制"中的資本主義制度？《基本法》二十三條立法的問題，就正正是一個典型例子。此外，亦有人質疑對資本主義的理解，到底是單純論及經濟制度，還是需要自由民主的制度加以配合？

"高度自治、港人治港"又是另一個討論熱點。到底"高度自治"有多高？曾有人認為"高度自治非自治"，因為若香港

要求有太多的話事權，就會變為"完全自治"，故此，"高度自治、港人治港"中的"高度"，是有限制的"高度"。但是，所謂的限制又有多大呢？是否行政長官由中央決定，也算是高度自治嗎？

最後，是"五十年不變"。港人較少爭論"五十年"這個數字，但仍想知道 2047 年後，會否變成一國一制，而香港實施的制度，又是否有中國特色的社會主義制度？此外，所謂"不變"應如何理解？當此原則提出之初，有社會人士擔心是將香港社會凍結在 1997 年，甚或是《聯合聲明》簽訂時的 1984 年的狀態。及後，大眾當然明白"不變"並非指向這個方面，要凍結香港社會狀態亦沒有可能，其意思可理解為只是原有的社會制度不變。那麼，一些社會改革家又會質疑，若原有制度不合時宜，難道不能變嗎？

歸根究底，問題的癥結是口號只能鼓動羣眾，要長治久安的話，還是要清晰合理的制度條文。

005　起草《基本法》

1990 年第七屆全國人民代表大會在 4 月 4 日兒童節，通過香港特別行政區的《基本法》，完成了歷時接近五年的起草工作。由於橫跨數個年頭，當中香港及內地的政治發生了不少變化，《基本法》的起草工作亦不免受到影響，最終的定稿有人歡笑有人愁，是否可稱得上是一份兒童節禮物？則各人自己判斷了。

基本法起草委員會

全國人大常委會在 1985 年 6 月 18 日正式通過 59 人的**基本法起草委員會**名單，當中 36 人為內地委員，23 人為香港委員。由於中央政府當時對香港採取較開明的態度，一些香港政壇上持不同政見的人士，如李柱銘及司徒華亦在委任之列，當然，他們在只佔少數的香港委員之中，更可說是極少數，僅可以發揮反映另類聲音的功能。

基本法諮詢委員會

而隨着基本法起草委員會的成立，一個包羅百多名香港各界人士的基本法諮詢委員會也同時成立並展開諮詢工作。《基本法》的內容涵蓋多個方面，但是當時社會主要關心的是政制安排，例如何時落實普選行政長官及立法會全體議員？因此，在**基本法諮詢委員會**中便形成了三股勢力，由基本法諮詢委員會中的開明

基本法起草委員會：由 59 人組成，其中香港代表佔少數，只有 23 人，當中大部分是當時活躍政壇的人士，但一些當時港英政府重要的顧問，如行政局議員鄧蓮茹、李鵬飛、范徐麗泰則不在名單之列。

基本法諮詢委員會：由香港的起草委員發起籌組，在 1985 年 12 月 18 日成立，共有 180 人參與，成員來自學界、政界及工商界等，就《基本法》的起草工作提供意見。

派人士組成的"一九零方案"爭取在 1997 年回歸時落實雙普選，但是以工商界為首的"八十九人方案"及其他中間派人士則反對，形成僵持局面。

起草《基本法》出現分裂

　　《基本法》的起草共分三稿，即徵求意見稿、草稿及定稿。在《基本法(草稿)》公佈後，中國發生八九民運及六四鎮壓，擴大了持不同意見的兩大陣營之間的矛盾。首先，原本在起草委員會內屬少數派的李柱銘、司徒華決定辭去草委工作，在委員會外以羣眾力量要求加快民主步伐；相反，內地委員及本港的保守工商界則擔心香港成為"反共基地"，因此，在原有的草稿內加上新的規定，以限制異見人士的活動及掌權機會。例如在《基本法》二十三條加上"禁止與外國政治組織有聯繫"；又例如對立法會議員的國籍加以規限，只容許 20% 的立法會議員擁有外國國籍。當然，最主要的是限制民主的步伐，引入分組點票制度，令立法會的權力被大為削弱，種下日後行政與立法出現矛盾的惡果。

基本法起草時序簡表

日期	重要事項
1984 年 12 月 19 日	中國國務院總理趙紫陽與英國首相戴卓爾夫人在北京正式簽署《中英聯合聲明》
1985 年 4 月	第六屆全國人大第三次會議通過成立《香港特別行政區基本法起草委員會》
1985 年 6 月	第六屆全國人大常委會第十一次會議通過《香港特別行政區基本法起草委員會》的名單，共 59 人，內地草委 36 人，而香港則佔 23 人
1985 年 12 月	由 180 名港人組成的《香港特別行政區基本法諮詢委員會》成立，協助《基本法》起草的諮詢工作
1988 年 4 月	《香港特別行政區基本法起草委員會》公佈《基本法》的徵求意見稿諮詢公眾
1989 年 2 月	《香港特別行政區基本法起草委員會》公佈《基本法》草案諮詢公眾至同年 10 月
1990 年 4 月 4 日	第七屆全國人大第三次會議通過並正式頒佈《香港特別行政區基本法》

憲政基礎

現代國家一般有制訂憲法說明政府的組成、權力及人民的權利等。香港雖然不是一個獨立國家，但是在中華人民共和國憲法第三十一條下，成立特別行政區，亦容許有本身的"小憲法"，即現時的《基本法》。

《基本法》在 1985 年開始起草，至 1990 年正式在全國人民代表大會中通過，歷時五年之久，對當時的條文必定有仔細的分析，然而，由於世事變化萬千，加上《基本法》在通過與實際執行之間，有七年的時間差距，原有的條文在碰到現實情況時，才突出條文的問題，引起了不少紛爭。當時比較具爭議性的問題包括，《基本法》二十四條關於居留權的討論，及引起 50 萬人上街的二十三條有關國家安全的立法及政制改革問題。後兩者在本章有較詳細的剖析，而居留權爭議則留在司法部分再與大家討論。

在中央政府不願開啟修改《基本法》的先例下，過去一些涉及重大政策的法律爭議，主要以人大常委會釋法的方式處理，而一旦釋法，便需要按規定諮詢香港特別行政區基本法委員會的意見。因此，過去十多年，這個由香港及內地各佔一半成員組成的委員，在政治上發揮了重要的影響力。

006 九七回歸

《聯合聲明》在 1984 年簽署，而《基本法》則在 1990 年通過，這兩個對香港回歸有舉足輕重地位的文件，均要在 1997 年 7 月 1 日才正式實施，即其效果要在 7 年及 13 年後才有一個初步的結論。制度設計與現實情況不單面對時間的差距，亦有想象與實際的差異性，令兩個文件在實施時問題多多，為回歸添了變數。

要處理制度設計與現實情況的矛盾，最簡單的方法是修改制度，以配合時代需要。事實上，《基本法》第一百五十九條亦留有修改的空間；然而，中央政府認為一旦開啟修改的大門後，有關要求可能陸續有來。因此，對於任何修改要求都一直婉拒，令制度與現實的衝突持續，中央政府有見及此，另闢蹊徑，由全國人民代表大會常務委員會對《基本法》作出解釋，即以"人大釋法"來處理。

《基本法》制度與現實的矛盾

而《基本法》在制度設計與現實之間的矛盾，首見於有關居留權的爭議。在香港回歸的同時，一羣持雙程證或偷渡來港的香港市民，就其在內地所生的子女，到入境處要求申請成為香港永久性居民。事實上，按《基本法》第二十四條，他們的確有此權利。這正好反映在制訂《基本法》時，草委可能出於善意，認為既已成為一國，應容許家庭團聚；又或是草委根本沒有作詳細研究便定出條文，未考慮到大量內地人士來港對香港社會各個方面的正負面影響。結果，雖然由終審法院裁定他們可擁有香港永久性居民身分，但最終由特區政府提請人大常委會釋法加以推翻，造成回歸後首次的憲制危機。

另一個制度與現實的矛盾例子則在《基本法》第一百零七條。為了特區的財政穩健，因此，條列限制政府的財政應收支平衡，避免赤字，並與本地的生產總值的增長率互相適應。然而，在制訂條文之時，香港正經歷長期的經濟增長，條文亦似乎假設了這種情況不會逆轉。但是，好景不常，香港在回歸翌年即遇上亞洲金融風暴，經濟持續衰退，按基本的宏觀經濟學知識，應採取擴張政策，刺激經濟，但在此條文下，只有進一步收緊政府開支，令香港遲遲未能走出經濟谷底。

在制訂政策之時，必須從長計議，預期落實時的困難，若只根據良好意願或特定目的行事，在千變萬化的現實世界往往會碰得一鼻子灰。正如港澳辦主任王光亞在上任時指出，香港是一本難讀懂的書，香港回歸不是在**回歸慶典**上換了一面國旗那麼簡單。

回歸慶典：回歸慶典在 1997 年 6 月 30 日晚上舉行，主持人包括中方的國家主席江澤民及總理李鵬，而英方則為皇儲查理斯皇子及剛上任的首相貝里雅。在交接儀式過後，則是特區首屆官員的宣誓儀式。

007 《基本法》

憲法：憲法是一個政體的母法，是所有法律的來源，一般的法律都不應與之抵觸，否則，便應刪除有關法律。一般國家都有一部統一的憲法，只有少數國家，如英國，是由一些重要的文件、法律及慣例組成憲法。憲法有簡單的，亦有細緻的，但都離不開一些重要的部分，例如對人民權利的保障、政府的架構及憲法的修改與解釋等。在現代民主國家，政府必須按憲法的條文辦事，例如定期進行選舉等；此外，憲法必須訂明公民權利，如言論自由、集會自由等，以限制政府對人民自由的干預，名為"**憲政主義**"。

憲政主義：一般包含兩個元素，首先，政府必須按憲法的條文辦事，例如定期進行選舉等；此外，憲法必須訂明公民權利，如言論自由、集會自由等，以限制政府對人民自由的干預。

《香港特別行政區基本法》簡稱《基本法》，與二次大戰被佔領的西德**憲法**同名。西德的憲法以《基本法》而非國家憲法為名，據説是為顯示其過渡性，為其後的統一作準備。香港的小憲法以《基本法》為名，未知是否同出一轍，但與一個戰敗國的憲法同名，則似乎有點兒不吉利。所謂"不怕生壞命，最怕改壞名"，香港落實《基本法》的過程充滿波折，未知是否與之有關？

當然，社會科學不是導人迷信，凡事總有客觀的前因後果，法律執行有困難，與草擬法律欠周詳有莫大關係。除了之前提過的《基本法》二十四條及一百零七條外，回歸後在執行《基本法》時，亦曾面對不少爭拗。

《基本法》的不足之處

在 2005 年，其時的特首董建華因健康問題請辭，特首一職因空缺而需補選。然而，《基本法》第四十六條只列明行政長官的任期以五年為一屆，卻未有説明補選特首的任期究竟是五年，還是原特首剩下的任期？結果人大常委會需要再次釋法，因此令香港社會引起不少紛爭。此事件反映草擬《基本法》時並未能全盤考慮社會上所有的可能性事件，故此落實時難免出現一波三折。

此外，某些項目雖然看似有清晰的定義，但到了實際執行時方發現內有暗湧，例如中央與香港分別的管轄事務及範圍，往往就令中港兩地各執一辭。立法會的選擇辦法是否屬於香港事務管轄範圍？香港可否全權決定？在 2004 年以前，根據《基本法》附件二，香港只需要立法會有三分之二議席通過改革方案，報請人大便可執行政策。然而後來，中央政府不知是否認為香港未適合全面普選，於是透過人大常委的解釋，把決定權收歸中央及行政機關。此舉令不少香港人認為本是特區的事務，受到了中央政府的干擾。

如果是改壞名，那只要改過第二個名字便可以解決問題，可惜草擬時不夠細心，爭拗的出現恐怕還是《基本法》生出來時便不能避免的了。

008 基本法委員會

人大常委會："人大常委會"全名是"全國人民代表大會常務委員會"，是全國人大之下的一個常設組織，負責人大的日常工作。由於全國人大的成員超過2千人，每年只在二、三月期間召開會議，其日常工作便要交由只有百多人的人大常委會負責，約每兩個月召開一次會議。由於《基本法》一百五十八條列明人大常委會對《基本法》有最終解釋權，因此，人大常委會對香港的政治十分重要。

殖民地時期的香港在英國政府管治下，沒有民選的立法機關，市民的意見難以在官方渠道表達，為了方便殖民地官員聽取民意，同時讓社會上的意見領袖有機會發表意見、宣洩不滿，遂成立不少諮詢委員會，建立平台，讓政府官員與意見領袖交流，成為殖民地政府極力標榜的所謂"諮詢式民主"。香港回歸後，特區政府沿用此制度，委任社會人士就各類政策發表意見，其中也包括在《基本法》執行上的意見，因此**人大常委會**設立了"基本法委員會"。

基本法委員會性質及權力

"基本法委員會"全名是"全國人民代表大會常務委員會香港特別行政區基本法委員會"，在起草《基本法》時已決定成立，但性質及權力卻與香港一般的諮詢組織大為不同。在組織上，一般的諮詢組織只有本地人，但是此會則由六名內地人士及六名本地人士組成；在性質上，一般的諮詢委員會只向行政方面提供意見，但此會則剛好相反，委員乃由國內統領立法、行政、司法的最高機關——全國人大的常委會所委任，主要為《基本法》第十七、十八、一百五十八及一百五十九條的執行向人大常委會提供意見。綜觀這四條法例，當中涉及香港的立法權、全國性法律在香港的實施方針，以及《基本法》的解釋及修改權，由此可以想像，基本法委員會的權力有多大！

事實上，過去對於《基本法》的主要爭議，如二十四條關於居留權的理解，或是涉及附件一、二的政制改革等，雖然與上述四條《基本法》條文無關，但由於這些爭拗最後都由人大常委會以釋法來解決，因此都曾經諮詢基本法委員會的意見。

基本法委員會權力之大，也反映在香港的重要事務中，例如政制改革的談判，基本法委員會副主任梁愛詩也參與其中，扮演了中間傳話人的角色。

修改基本法的程序

提案權：由以下三方任何一方提出：

- 全國人民代表大會常務委員會
- 國務院
- 香港特別行政區（經港區全國人大代表 2/3，立法會 2/3 議員及行政長官同意後，由港區人大代表團向全國人大提出）

由香港特別行政區基本法委員會研究並提出意見

由全國人大會議決定是否通過

009 《基本法》二十三條

自美國在 2001 年發生 "九一一恐怖襲擊" 後，各國致力維護國家安全，防範恐怖襲擊，但是安全與個人自由往往存在矛盾，因而引起不少爭論，至今雖已超過十年，卻仍未見平息。香港社會長期處於和平狀態，恐怖主義與港人的生活沾不上邊，要港人犧牲個人自由來維護國家安全，只會觸動港人抗拒高壓統治的神經線，因此《基本法》二十三條立法時，就激發 50 萬人上街反抗。

香港特區政府在 2002 年 9 月開始，就《基本法》二十三條立法進行公眾諮詢，當其時在社會上已引起極大的迴響，不少人反對倉促立法，並在同年 12 月組織遊行，近 2 萬人參與，人數歷年罕見。但是政府卻如常在 2003 年 2 月向立法會提交《國家安全(法律條文)條例草案》，為《基本法》二十三條立法，並計劃在 7 月中旬立法會休會前通過，結果引起市民強烈不滿，在同年 7 月 1 日發起示威遊行，有 50 萬市民參與，當時行政會議成員田北俊了解到市民的強烈訴求，決定反對草案，政府在自由黨倒戈下，心知難以通過法案，故此最終撤回方案。

反二十三條的聲音

綜觀在反對的聲音之中，並非全是為反對維護國家安全而發聲，不少只是對諮詢過程及內容有所不滿，簡單地可以綜合為以下數類意見：

1. 有市民認為沒有必要倉促立法。政府應參考過去推行重要法例前的立法程序，先以"白紙條例草案"的形式以具體條文諮詢公眾，這樣做比只以大原則諮詢公眾更能讓市民對內容有具體的了解，也可釋除疑慮。當時的一些政治人物，如李鵬飛等便是抱持這種觀點。

2. 有市民認為原有法例已有條文保障國家安全，例如不能在兩國交戰時通敵，其實只要略作修改便可，根本毋須另行立法。

3. 最後，當然有人認為會限制個人自由，例如有關煽動暴亂的規定，就令人擔心如果定義過闊，會損害港人原有的結社、集會自由。不過如果能在法律條文中加以闡釋的話，則反對聲音也會減輕不少。

法律只是一堆文字，重點是如何理解及執行，當中牽涉到人民對倡議者及執行者的信任度，而信任的建立往往需要長年累月，透過政績及經驗積聚而成。

010 政制改革

內地討論政治議題，往往喜歡加上比喻，以便令議題更容易掌握，而嚴肅的政治討論也顯得輕鬆一點，但另一方面，也有可能是為了避免把事情說死，為自己或政治對手留下彈性。在中英兩國簽訂《聯合聲明》至 1997 年 7 月 1 日回歸的過渡期，中方便經常用"跳探戈舞"來形容中英兩國的談判。後來有一個新的名詞就是"五部曲"——乃是人大常委會副秘書長喬曉陽用來形容香港政制改革的步驟。

原來的三部曲

由於《基本法》起草時要留下空間讓港人討論未來的政制改革，所以，《基本法》的附件一及二中，只列出特區政府首三屆行政長官及立法會的產生方法，而往後的產生方法，則由立法會的三分之二議員通過，並得行政長官同意，再報告全國人民代表大會常務委員會備案。這是一般理解的政制"三部曲"，與香港一般法律的通過程序沒有太大分別，只是比一般法例嚴謹，需要三分之二立法會議員通過，而非過半數便可。

可是，在 2003 年七一大遊行後，中央政府通過人大釋法把"三部曲"改為"五部曲"，不單增加了政改通過的步驟，更重要的是把政改的主導權更向中央傾斜。新增的兩項是：

1. 在未通過立法會前，先由特首向人大常委會提交報告，決定是否要啟動修改機制；

2. 然後，香港特區政府將人大常委會的決定，以法案形式提交立法會審議。當立法會通過，而特首又同意後，還需要全國人大常委會批准，而不是備案。

　　有關改動在社會上引起不少討論，不單是人大常委會的解
釋權是否超越《基本法》原有的規定，更重要的是由"三部曲"
變為"五部曲"，中央在政改方面有絕對的主動權及決定權。
中央可以決定是否改革政制，同時，若方案令中央不滿，即使
香港的民意機關接受，中央亦可不予批准，使改革政制的權力
由香港特區轉到中央。

政制改革五部曲

第一部

特區行政長官按照《基本法》有關規定和全國人大常委會的相關《決定》，
向全國人大常委會提出報告（2004 年 4 月 6 日人大釋法後新加的一部）

第二部

全國人大常委會對是否需要修改作出決定（2004 年 4 月 6 日人大釋法後新
加的第二部）

第三部

特區政府向立法會提出修改行政長官和立法會產生辦法的法案，經立法會
全體議員 2/3 多數通過 （《基本法》附件一及二原來的要求）

第四部

法案經立法會通過，並由行政長官簽署同意（《基本法》附件一及二原來
的要求）

第五部

特區將有關法案報全國人大常委會批准（《基本法》附件一及二原來只要
求備案或批准）

行政機關

香港的行政機關在回歸後的最大變化是在 2002 年 7 月董建華的第二屆任期開始實施"高官問責制",令行政機關增加至四個組成部分,包括:行政長官、行政會議、問責官員及公務員。

行政長官的地位其實跟回歸前的港督沒有太大分別,《基本法》的制度設計是希望維持這個地區首長的超然地位,不受各方利益集團的干預。所以行政長官在官員任命方面自由度頗大,不用受制於議會。此外,為了加強其獨立性,更在《行政長官選舉條例》中列明特首不能有政黨背景。可是,特區的政治環境與港英年代有很大的變化,其中特首不是由宗主國派遣,而是由 1200 人的選舉委員會產生,特首要照顧這些選民的利益,又如何能超然於利益競爭之外呢?此外,行政長官沒有政黨背景亦令政府的政策在議會及社會上得不到穩定的支持。

行政長官除了恒常的工作外,一年最主要的工作就是草擬《施政報告》,公佈政府未來一年的計劃,當中涉及不少規劃研究及政策協調的工作。在長遠政策規劃方面,行政長官需要中央政策組的協助,而行政長官辦公室主任則着重政策的協調工作,包括聯絡各部門及立法會內各政黨。

行政機關的另一個組成部分是行政會議,基本上是承襲了港英年代的行政局,是行政長官最主要的政策顧問。行政會議的成員在回歸後有了重要的變化,成員由港英年代以高級官員及親英商人為主,變為今天主要由三部分人士所組成,包括所有政治任命的主要官員、政黨人士及專業精英。

在回歸之初，香港只有一位政治任命的官員，就是行政長官，但隨着 2002 年 7 月實施高官問責制，政治任命的官員成為行政機關的另一個組成部分。除了政務司司長、財政司司長及律政司司長外，還有 12 位問責局長及在 2008 年 5 月新增的副局長及政治助理，在政府之中形成一個需要對政策決定負上政治責任的新階層。

最後，在行政機關之內，數目最龐大的當然要數公務員系統。在回歸後，公務員可以說面對不少衝擊。實施高官問責制，一方面削減了首長級公務員的決策權力，但可以令他們回到純粹執行的崗位上，使公務員的政治中立多了一重保障。不過，八、九十年代開始推行的公營機構改革及公務員改革卻令不少公務員擔心過去穩定的工作環境及優厚的待遇會一去不返。但是，在既有的薪酬調整制度的保障下，加上《基本法》第一百條的承諾及公務員工會也會爭取，公務員的待遇還是遠勝於私人機構的僱員。難怪在工作條件及影響力較以往變差的情況下，仍有不少大學畢業生投考政務主任及行政主任，加入政府的行列。不過，其中亦有例外，就是香港電台，當然，其爭取獨立於政府又有本身特殊的原因。

行政長官

香港特區行政長官經常出席國際會議,與其他國家的領導人平起平坐,例如在亞洲太平洋經濟合作組織(英文簡稱:APEC)的會議上,曾蔭權得到的待遇,跟國家主席胡錦濤沒有兩樣,活像一國元首。但是,2010年發生馬尼拉人質事件,時任行政長官曾蔭權打電話給菲律賓總統,卻被指不懂外交禮節,由一個地方官員直接致電外國元首(香港是中國領土下的一個特別行政區)。作為香港特首,其權力究竟有多大?

事實上,香港特首跟中國內地的地方領導人無異,但是香港是一個特別行政區,有自己的憲法賦予行政長官一些特殊權力,例如可以執行中央賦予的外交權力等。其實,從制度而言,行政長官較接近美國**總統制**之下的行政首長。特首的產生方法與立法機關是分開的,現時由 800 人的選舉委員會選舉產生,而日後可能由全民選舉產生;相反,在英國及大部分傳統的歐洲國家,多實行議會制,由全民普選的國會選出行政官員(內閣)及行政首長(首相或總理)。香港特區行政長官不是依附於立法機關,故此權力運用相對來説便較獨立,但是直接及恆常的監察則較少。

總統制:是國際流行的一種政治制度,美國是先行者,並影響至中南美洲及一些亞洲國家如菲律賓等。主要制度是行政與立法分開,並以不同的方式產生,互不統屬、互相制衡。
另外亦有半總統制,即同時有民選的總統及由國會多數派選出的總理,兩者有所分工。總統一般負責國防、外交事務,而總理則負責內政為主,現時法國政府及東歐一些新興的民主國家,多採取此制度。

行政長官職權

或許會有人提出疑問："那麼行政長官豈不是可以任意莽為？"原則上，按《基本法》第四十八條，行政長官的職權理應相當大，除了國防、外交以外，差不多所有事情都由其包攬，包括所有法例都需要其同意，才能執行。然而，不論是西方的自由民主國家，還是前港英殖民地政府都傾向不會盡用法律賦予的權力，以免令人民感到政府過度專橫，同時也可留有空間及彈性。

而且，在現實政治上，行政長官亦受到一些無形的制衡，不能盡展權力。例如，在任命問責官員方面，行政長官有絕對的委任權，而中央政府也會形式地批准，不會有太多阻撓。但是，現實往往是"神女有心，襄王無夢"，行政長官希望委任某位社會賢達，但該人卻不願出任，或其政黨不願放行，變相令行政長官的權力受到約束。所以，研究政治不應只研究白紙黑字的條文，更重要的是，應理清現實與政治之間是否存在無形的限制。

012 行政長官選舉

每逢行政長官選舉尚未正式展開之前，各路人馬已摩拳擦掌，準備一較高下。到底是張三跑贏還是李四勝出，當然無法定斷，但是，若現行法例不變，可以斷言未來的特首必定沒有表面上的政治背景。筆者不是先知，或者甚麼風水大師，只是對現有《行政長官選舉條例》稍有認識而已。

法例有限制

因為在《行政長官選舉條例》中已列明，行政長官的當選人不能有政黨背景，若本身是政黨成員，在當選後則必須退出該政黨。

此法例的原意，是希望行政長官的形象中立，不是服務或依附於某政黨或利益集團，而是成為一個全民政府。當然，亦有陰謀論者認為，這是中央刻意設計的制度，令行政長官在本地沒有穩固的支持團體，那麼便要依賴中央了。但無論如何，如果只着眼於"全民政府"的意願上，這雖屬好事，然而卻罔顧了在政治現實上，行政長官的確需要有政黨在立法機關內支持，才能令政策得以通過。要行政長官超越黨派之爭，這個想法似乎過於理想。

沒有政黨背景之缺點

由於沒有固定的政黨支持，故此新任的行政長官在組班時不免出現困難，可能要四出遊說社會人士加入政府，而這些

政黨：指一羣擁有同一信念的人組織起來參與政事，目的是取得權力，以推行政綱中的政策。隨着民主制度的發展，要推動選舉則需要團結的力量，故此政黨的作用越來越重要。

政黨制度：指一個政體內的政黨組合，一些國家是兩黨制，即政府長期由兩個政黨輪流控制，但亦會有其他小政黨存在。而多黨制則是指有多個政黨執政，一般會由不同政黨組成聯合政府同時執政。

人士未必來自同一政黨，抱持相同的理念；他們來自四面八方，合作時可能產生不少矛盾，令新任政府需要有更長的適應期才能穩定下來。

不過更大的問題是，政府由於在立法會內沒有政黨支持，因此不論是董建華還是曾蔭權，也曾面對過在議會內沒有支持票的情況，而要為每個法案或議案去遊說議員，此舉既費時也令特首權威下降。而箇中產生出的最大的問題，就是問責性及政策延續性。由於行政長官沒有黨派的"包袱"，當任期完結後，若不競逐連任，便可以孑然一身，不用考慮一些不良的政策會否拖累同一政黨的候選人，因此，行政長官的問責性遂因而降低。此外，政策的延續性亦受到損害，因為行政長官落任後，接任的特首或其他立法會議員因與前特首沒有政黨關係，故延續其政策的意慾亦會減低。

有鑑於這些問題，即使是一些親政府的人士，例如自由黨，亦認同需要改變現行做法，所以當2004~2007年的第三屆立法會討論2007年的特首選舉辦法時，自由黨的田北俊亦提出要修改此規定，然而，最後在政府的反對下不了了之。

第四屆行政長官選舉辦法

1. 行政長官選舉委員會由 1,200 人組成，較 2007 年多 400 人。

2. 選舉委員會內四個界別即

   工商及金融界

   專業界

   勞工、社會服務及宗教界

   政界

   （各增加 100 人，即由 200 人增至 300 人）

3. 政界的議席分配如下：

   民選區議員代表 117 席

   立法會議員 70 席

   全國政協代表 51 席

   港區人大代表 36 席

   鄉議局代表 26 席

4. 行政長官參選者需要取得 150 名選舉委的提名，才能成為正式候選人

   （以上資料按照 2012 行政長官選舉制度）

013 行政長官選舉委員會

一位選修過政治學課程、了解過美國選舉制度的學生，滿腦子疑問地提出："美國選舉總統採取間接選舉，最終由 500 多位選舉人組成的選舉團選出美國總統，為何沒有人批評他們不<u>民主</u>、搞小圈子，但香港行政長官選舉卻經常被人扣上這些帽子？是否雙重標準？"很多人都有這個疑問，答案其實和港美兩地的選舉制度不同有關。

早在《基本法》制訂之始，已有社會權威人士，如當時的《明報》老闆查良鏞先生，提出美國總統選舉實施間接選舉的例子，來為特首選舉的不民主開脫。然而，把目光放在直接或間接選舉並不是問題的焦點。美國選舉制度中，乃由全數美國的成年公民選出 500 多名代表（稱為"選舉人"），再由這 500 人選出總統。但香港由 1200 名選委所選出的行政長官選舉委員會（簡稱選委會），卻並非由 300 多萬合資格選民選出，只有約 20 多萬人有權參與選委會的投票。

不過，有論者認為，選委之中有立法會議員亦有區議員，他們不是由全民普選產生的嗎？全港 300 多萬選民不是也有機會參與嗎？

美國與香港"選舉人"之別

美國"**選舉人票**"的分佈是按全國人口來劃分的，故每名選民的影響力大致均等。然而，香港選委會的界別劃分卻並不平均，例如教育界成員人數超過 8 萬卻只有 30 個席位；相反，漁農界僅有數千人竟有 60 個席位，令意見不能平均反映。故此，直接還是間接的選舉方式，根本不是問題的癥結所在。

除了有形的制度外，代表與選民的關係也影響到制度的民主成分。在美國的選舉團制度下，"選舉人"只是代表人民投票的機器，在政治學上這是一種代表的關係（delegate）。每個州的選民會在選舉中表達立場，然後由"選舉人"按他們的意願來投票，總統寶座誰屬最後決定權仍在選民手中。然而，香港的選委與選民之間是一種信託（trustee）的關係，選民選出這班選委的同時，也把權力交予他們，由其代選民作出決定，選民無從置喙。所以，分析問題時需要全面而深入，否則容易因偷換概念而被蒙蔽，產生疑團。

選舉人票：美國總統選舉自 1788 年開始實施選舉人制度，是一種間接選舉，選民不是直接選出總統，而是選出一批選舉人，再由他們投票選出總統。所以總統大選只是決定 538 張選舉人票，由哪一位總統候選人獲得，而每個州所分得的選舉人票數目則等如該州參眾兩院議員的總數，故大致上是按人口數目分配，人口多的州，如加州，所分得的選舉人票超過 50 張；而一些細小的州，如緬因州則只有數張票。若一位候選人在大選中在該州得票最多，他便可以擁有該州的所有選舉人票，稱為"勝者全取制"，而全美國只有兩個州不是採取這制度。

014 施政報告

所謂"一日之計在於晨，一年之計在於春"，一般人都會在年頭計劃每年的工作，而一個國家或政府亦會在年頭發表《國情咨文》或《施政報告》。例如美國總統的《國情咨文》就在每年一月發表，這種做法自 1934 年開始。

但事實上，一個國家並非一定要在年初發表工作計劃，例如英國及澳門等均在 11 月，而香港則在 10 月。

一年之計在於"秋"

一個政府的工作周期主要與立法年度配合，因為當需要推行政策時，往往要立法機關通過法例來執行，所以政府每年的工作計劃便須在每個立法年度開始時向立法機關提出。英國國會的立法年度在 11 月，因此，英女皇便在該年度的首次會議中宣讀由首相擬定的工作計劃。香港前殖民政府也承襲了此傳統，在立法年度開始時由港督宣讀《施政報告》。1993 年或以前，由於港督兼任立法局主席，故由其同時主持會議及宣讀，但此後則由主席邀請港督宣讀。

國情咨文：指美國總統每年 1 月在國會會期召開時，向眾議院發表的報告，概述政府未來一年的施政方針、重大政策及對國家形勢的分析。

立法年度：立法年度是指由每年立法會第一次大會至最後一次大會，一般是每年的 10 月至翌年的 7 月。

這種做法在回歸後仍然被沿用，不過在 2002 年時，當時的行政長官董建華剛連任，希望有更多時間準備《施政報告》，而把發表時間推遲至 2003 年 1 月，所以，港府在 2002 年並沒有發表過《施政報告》。直至董建華在 2005 年辭職，共有三份在 1 月發表的《施政報告》，其他都如殖民地年代般，在每年 10 月立法年度剛開始時發表。而曾蔭權上任後，又把《施政報告》的發表月份改為 10 月，令一年之計由"春"變成"秋"。但在梁振英上台後，又把公佈時間改回一月份。

不同風格的《施政報告》

其實，每位港督或行政長官的風格及面對的環境都有所不同，因此過去發表《施政報告》亦留下一些慣例或特色，例如最後一任港督彭定康，很有西方政客的風格，喜歡與市民直接溝通，所以在發表《施政報告》後，會舉行數場公眾答問大會，直接回答市民的提問。但是，此做法在回歸後並沒有延續，董建華只出席立法會的答問會及電台的訪問。

而回歸後，《施政報告》的一大特色是仿如變成另一份《財政預算案》。回歸前，《施政報告》只公佈重大的施政方向，但是，回歸後經濟衰退，市民期望政府有多一些利民紓困的措施，若只有每年一度的《財政預算案》，並不足以回應經濟環境的轉變及市民的要求，所以，在《施政報告》中往往加上一些具體的利民紓困措施，例如增加就業職位等。

當然，過去的《施政報告》亦曾提出不少重大而具方向性的變革，例如 1989 年的《施政報告》中，當時的港督衞奕信提出所謂"玫瑰園"計劃，興建新機場及擴大大學學額等，而末代港督彭定康則在 1992 年的首份《施政報告》提出政制改革方案，引起中英雙方長達五年的政制爭拗。

☐15 中央政策組

　　每部電腦皆有 CPU，即中央處理器 (Central Processing Unit)，是電腦的靈魂所在。而特區政府本身亦有一個 "CPU"，它就是中央政策組 (Central Policy Unit)。中央政策組的成立目的，就是要向行政長官、政務司司長及財政司司長提供意見，以及協助起草行政長官每年發表的《施政報告》[1]，因此，中央政策組首席顧問可以列席行政會議，但不是正式成員。

智囊組織：智囊組織是西方政治的一大特色，不論政府內部，還是私人團體，都會成立智囊組織，研究並倡議公共政策。例如美國的傳統基金會，便倡議支持自由市場的政策。

　　在殖民地年代，香港奉行自由放任的管治政策，政府立場較被動，亦毋須積極介入社會事務，因此長遠的政策規劃多由部門自行負責，例如社會福利及房屋政策等。但隨着社會轉變，民主意識提高，市民對政府的期望提升，政府亦需作出轉變來配合及聽取民意，故前港督衞奕信提出成立中央政策組，俗稱 "智囊團" (**智囊組織**)，為香港的長遠發展提供意見。

　　在成立初期，中央政策組極受政府重視，重量級人物如前匯豐銀行華人大班鄭海泉亦曾被聘任為全職顧問。但後來卻日漸衰落，甚至被喻為 "諮詢花瓶"。

1　資料源自香港特區政府中央政策組的網頁 http://www.cpu.gov.hk/tc/index.htm

中央政策組失勢之因

首先，顧問背景的不同，令智囊團無法穩定地運作。中央政策組設有首席顧問、數名全職顧問、研究主任及兼職顧問。回歸後，首席顧問曾嘗試由公務員、社會人士及學者出任，這些人來自不同的背景，令中央政策組的運作方針不時轉變。

其次，首席顧問的地位較問責官員低，意見亦容易被忽視。中央政策組的首席顧問在行政會議只擔當列席的角色，並非正式成員，故向政府提出意見時聲音就顯得不夠大，較難被接納，所被派遣的任務也不重要。例如自董建華第二屆任期開始，為提升政府的低民望，便以中央政策組作民意調查。甚至有全職顧問被借調到特首辦"心戰室"負責政治化妝及撰寫《施政報告》等文書工作。而回歸後的兩位特首亦各自有其民間的"御用智囊"，例如董建華時期香港政策研究所的研究分析及建議頗受政府重視，而曾蔭權則有智經研究中心。從這種資源被誤用的情況可見，中央政策組為香港長遠政策作出規劃的作用已名存實亡，對行政長官的施政決策已經幫助不大。

016 特首辦主任

歷任行政長官辦公室主任在離任後都有好出路，例如曾任特首辦主任的陳德霖任後便坐上金管局行政總裁的椅子，高薪厚祿之餘更大權在握；而再前任的曾俊華更成為財政司司長。即使是董建華年代曾辭任的林煥光，在復出後亦擔任奧運馬術公司的行政總裁，現為行政會議召集人。

特首辦主任在離職後為何多會獲得各方賞識，並被委以重任？難道擔任此職的人都能力過人？

特首辦主任職能

特首辦主任是高級職位，勝任者當然需要一定能力，但他們的出路好，未必純粹與能力有關，更重要的反而是其特殊的工作性質。特首辦主任可謂是一名"大內總管"，對外經常代表特首發言、回應問題、聯絡社會上大小團體；對內又要控制特首的工作日程，大事小事都要盡握手中。

在大事上，特首辦主任與特首要共同面對政治挑戰，例如參與在港督府自彭定康年代成立、由親信所組成的"心戰室"，專門為重大的政治問題"拆彈"。而現任特首曾蔭權的心戰室中除了有特首辦主任外，重要成員還包括新聞

心戰室：首次出現在香港的政治新聞中，是在彭定康年代，其帶同兩名英國的助手，再加上新聞統籌專員，組成心戰室，專門負責敏感的政治事件，如有關政改的爭拗，其中一項工作是進行"政治化妝"，協調與傳媒的關係及負責訊息發放，創造有利政府的社會輿論。

統籌專員及從中央政策組借調的顧問。工作除應付重大的政治問題外，還需研究回應的策略及協調與傳媒的關係，以改善政府形象。

特首辦主任雖然是問責官員，但需要跟特首同時落任，而且不論待遇及權力都遠遜於其他問責官員，要一個有能之事出任此職，當然要有更多誘因，除了此職位的挑戰性外，能夠接觸到各種界別的權力核心，可能也是相當大的吸引力，否則誰會願意出任？

017　行政會議

世界上很多重要的政治決定都發生在星期二，例如美國的總統及國會選舉便是。而香港亦不例外，香港最高層的決策機構——**行政會議**，一般會在星期二的早上開會。每星期這天若要請願，必定會叫苦連天，因為政府總部通常人頭湧湧，需要一大清早就到場霸佔有利位置，才能避免錯失向政府最高層表達意見的機會。

行政會議的變化

行政會議承襲回歸前的行政局（亦即前議政局），是香港行政長官最高級的顧問組織。表面上和殖民地年代沒有大改變，但卻有三個方面悄悄出現變化。

1. 組織成員：回歸前行政局分為當然官守議員、官守議員及非官守議員，主要由最資深的政府官員及社會賢達所組成，而當中必然有一些英資大公司的代表，例如匯豐銀行、怡和及太古集團等，這反映出港英政府的施政，視經濟及英資利益為重要考慮。但隨着政治逐步開放，政府不能只考慮單幾個集團的意見，行政局開始有其他英資大行的精英加入，這些人一般為立法局中的資深議員。回歸後，特區政府延續此做法，招攬社會精英、立法會議員及政府官員。但在董建華的第二屆任期時，卻出現了變革。

當其時實施高官問責制，於是把所有問責官員都包括在行政會議之內。此外，也有意建立執政聯盟，即政府與一些志同道合的政黨結成聯盟，與他們分享權力，希望他們在立法會投票時能支持政府議案。因此把一些立法會內親政府的政黨代表委任入行政會議，例如當時自由黨的田北俊及民建聯的曾鈺成等，這些政黨的代表在行政會議中有份參與政策制訂，當法案拿到立法會通過時，這些政黨的代表便多數會支持。這種做法沿用至今，只是所委任的人士有所改變。

2. 保密制度：行政會議討論的都是重大政策及政治決定，所以會議的文件及討論內容都是保密的，但近年卻出現洩密的情況。如2003年時財政司司長梁錦松被指偷步買車，按傳媒說法是行政會議內有成員"爆料"，指證梁錦松並非疏忽漏報，而是刻意隱瞞逃稅。保密制被打破，有陰謀論者認為是打擊政治對手的手段之一。

3. 集體負責制："集體負責"的意思是成員不能對已決定的事項作出公開反對，即使不同意，亦只能保持沉默。但近年偶爾可見部分成員常在公開場合批評政府政策，或在立法會沒有投票支持行政會議的決定，明顯是違反集體負責制，例如前行政會議召集人梁振英多次批評政府的房屋及扶貧政策，又例如自由黨前立法會議員周梁淑怡，在2006年身為行政會議成員在立法會審議政府提出的《2005年廢物處置(修訂)條例草案》時投反對票，反對青衣化學廢物處理中心焚化醫療廢物。出現這種情況，可能與選舉政治有關，政治人物不希望自己或所代表的政治組織受不歡迎的政策拖累，而要站出來劃清界線。

行政會議的制度尤在，但運作已改變，選舉政治的威力，可見一斑。

018 高官問責制

政治發展的過程中會因時需要推出新機制，本意為政制向前推進，但結果很多時未必如預期，甚至反其道而行，當中一個突出的例子就是高官問責制。這是在 2001 年年底，董建華在沒有對手的情況下連任後提出的一項重大政治改革，希望在 2002 年 7 月第二屆任期開始時實施。

高官問責制(簡稱問責制)，顧名思義就是為了加強政府最高級官員的問責性，使他們跟行政長官一樣，需要就自己政策範圍內的政治過失而承擔責任，問責機制下務求令在位者做事更小心謹慎、多留意民情、多作積極回應。

問責制的反思

在問責制出現之前，政府中的高級決策官員都是公務員政務官，受公務員條例的保障，可以終身聘用(違反合約條例者除外)。例如 2000 年的短樁事件中，時任房屋署署長的苗學禮即使被立法會通過動議 "不信任"，仍毋須下台。但是，新制度通過後是否又能加強政府的問責性及管治呢？過去數年雖有數名官員下台，包括葉劉淑儀、梁錦松及楊永強，但是他們並不是因制度規定犯錯而被解僱，而是抵不住社會壓力，辭職求去。

值得反思的是，既然沒有高官問責制官員亦會下台，那又何需多此一舉呢？此外，不時聽到有人談及問責制推行的原因是為了收權，究竟是真是假？

嘗試分析其可能性。前文已解釋過行政長官並不能有政黨背景，因此他是單人匹馬走入政府總部統領近 20 萬公務員，可謂勢孤力弱，處事時難免受公務員牽制。曾有言論指出，董建華施政不善乃歸咎於陳方安生為首的政務官不夠配合。而高官問責制推行後，行政長官便可任命一些政府以外的親信進駐各部門出任首長(即 "**政治任命**")，以鞏固其勢力，的確可做到從公務員身上收權之效。

> **政治任命：**公務員聘用是一種擇優制度，不理申請者有甚麼政治立場，只要在能力上較其他申請者優勝，便可被取錄，如服務相當年期後表現良好，可以轉為終身聘任。但是，政治任命的官員其受委任的條件是政治上與行政首長理念一致，而其任期亦一般會與委任他的行政首長一致。

　　行政長官推行此政策時的心思如何，無從得知，然而即使其想招攬政府以外的人才，卻往往被婉拒。這可能與特區政府民望偏低有關，識時務者都持觀望態度而拒絕進入政府接手一個燙手山芋。結果，十多位問責官員還是以公務員為主，兜了一個大圈後又回到原點之上。但市民所納的稅卻花了不少，到底可以向誰問責呢？

019　政務司司長

　　昔日殖民地政府內除地位超然的港督外，最高級的官員便是"布政司"。財政司負責管理政府財政，律政司負責法律事務，但作為政府首席官員的布政司，其實要做些甚麼工作？

　　"布政司"，有指布者乃布衣，即平民百姓，所以布政即民生之事，而司者，是政治組織，在殖民地年代一般指政府決策官員。若作此解，的確名符其實，布政司作為殖民地政府公務員之首，的確需要包攬所有民生事務。可謂一人之下，萬人之上，在港督離港時，亦是由布政司暫代其職務。從今天的政府總部，昔日名為**布政司署**，其權力之大，可見一斑。

> **布政司署：**殖民地時期坐落在中環舊政府總部的中座，是所有政府高級官員辦公室的所在地，而港督的辦公室則在港督府，即現時的禮賓府。

政務司司長職權之變遷

　　自回歸後，布政司正名為政務司司長，名稱清晰了，但是實質的工作範圍卻模糊了很多。回歸前，殖民地政府在彭定康策劃下，港督與布政司有明顯分工，港督主要負責政治事務，例如面對中國政府等；而布政司陳方安生則負責香港內部的政策事務，免其與中方有太多衝突，影響日後在特區政府的工作。即使在回歸初期，陳方安生出任政務司司長，仍然大權在握，但及至後期可能與特首董建華意見並不一致，相對顯得投閒置散。但是，直至高官問責制實施前，政務司司長仍然負責主持委員會以協調各政策局的工作。

政務司司長的角色問題，在實施高官問責制後開始浮現，由於問責制下，司局級官員直接向特首負責，政務司司長沒有特定的管轄範圍，其權力及工作，多視乎與行政長官的關係。例如曾蔭權在董建華時代時當政務司司長，唯一的實質工作就是研究人口政策及在"沙士"負責全城清潔運動，當時被譏為"清潔大隊長"。及後曾蔭權上任特首，旗下的政務司司長許仕仁及唐英年則負責過極具重要性的政改方案。雖然被特首重用，但仍然沒有清晰的工作範圍。

020 財政司司長

一般富翁通常除了煩惱如何管錢外，就是如何花錢；而身為一個政府的財政司司長，除了管錢和花錢，也要煩惱如何賺錢，由於公帑是受公眾監察，故管要管得好，花也要花得其所。有甚麼差錯，隨時成為眾矢之的，因此每年到《財政預算案》的諮詢季節，都不難見到當屆財政司司長扭盡六壬、扮鬼扮馬，邀請公眾發表意見。

《財政預算案》一般在3月初發表，但近年為了遷就立法會的議事日程，而改為2月尾發表。市民普遍以為《財政預算案》的內容就只有財政司司長在立法會發表那約一個多小時的演辭。但其實那只屬於預算案的一部分，內容包括整體收支及各項加減稅措施如薪俸稅率的變動等。當中佔最大篇幅的支出部分不會詳細在演講中解釋，因為這牽涉各部門預算開支明細長達數百至千項，連專門負責監督政府財政的立法會議員，也要數名助理協助閱讀資料及草擬過千條題目質詢政府官員。

其實升斗小市民要監察財政預算案並不那麼容易，除了要了解龐大的開支數據外，也難以扭轉政府預算案內容。因為即使財政預算案得到通過，一些措施如加稅等，還要以法案的形式在立法會通過。整個《財政預算案》及相關法例的討論過程可能由2月尾延伸至6、7月。

事實上，香港就《財政預算案》的規定繁多，例如《基本法》一百零七條定立了"量入

"量入為出"原則：香港的《基本法》是少數有訂明政府理財原則的憲法，此做法的優點是令政府理財更有紀律，不會亂花公帑導致政府破產。但是，壞處則是欠彈性，即使在經濟低迷、稅收減少時，亦不能用擴張手段來刺激經濟。當然，原則亦是由人去詮釋的，在回歸後，雖然有此規定，但面對金融風暴及沙士等問題，政府仍會推出赤字預算，增加政府開支紓解民困，只要在適當時間內達到量入為出便可。

<u>為出</u>"的原則。再者，立法會審議《財政預算案》又有一些特殊的規定，例如議員不能通過修訂以圖增加政府收入等。這些規定都使議員及市民在參與時處於一個被動的位置，難以發表意見。

財政預算案的審議程序

1. 在每年的 2 月底或 3 月初，財政司司長會向立法會提交下一財政年度（4 月 1 日至下年 3 月 31 日）的預算案，正式名稱為《撥款條例草案》，預算案包括收入及支出兩部分。

2. 立法會議員就預算案的內容草擬問題，要求負責的官員提供書面答案。

3. 在預算案公佈約兩星期後，立法會召開一連數天的特別財務委員會，就各個政策範疇的預算對政府官員提出進一步的質詢。

4. 在 3 月中立法會對《撥款條例草案》進行二讀辯論及決定是否三讀通過。

5. 一些涉及加稅或增加收費的決定，需要按一般法例的審議程序在《撥款條例草案》通過後再由立法會進行審議。

02 | 律政司司長

　　香港法律界在回歸前有所謂御用大律師，名稱上雖然叫"御用"，但這只是地位及資歷的尊稱，並不代表只有官方才可以聘用，市民也可聘請御用大律師幫忙。而回歸後，御用大律師的名字則被改稱為資深大律師。至於政府的律師，一般只有受聘於律政署的公務員，而政府的首席法律顧問就是律政司司長，回歸前稱為律政司，其資歷亦不一定需要具有御用大律師的身分。

律政司司長的重要性

　　追蹤香港過去多年的歷史，律政司司長(或回歸前的律政司)地位十分重要。在回歸過渡期間，政府的主要職位中，唯一一個沒有過渡的就是律政司。港英政府的律政司馬富善其時工作至 1997 年 6 月 30 日，才由梁愛詩接任律政司司長，而其他官員則早已接任。此舉可能因為港英政府不敢輕易把與法律有關的要務，交予本地人，而回歸後，律政司司長一職只有三個人出任過，相比一般已換了五、六個人的官職，可說十分穩定。

> **檢察權**：檢察權是指由律政或司法部門決定是否對觸犯刑事法例的人士作出檢控，而這種權力應該獨立地行使，不應受到其他人士或因素干擾，純以法律原則作判斷。

　　律政司司長為何如此重要？要從其職務範圍及敏感性說起。律政司司長的工作除了代表政府檢控刑事罪行外，即執行**檢察權**外，亦需要代表政府在民事訴訟中答辯。當然，更重要的是負責法律政策，包括法律草擬等。由於差不多所有政府政策都需要立法來執行，所以沒有律政司，政府將會癱瘓。

　　此外，回歸後一些法律問題牽涉政治敏感的題目，更加需要律政司司長提供意見，小心行事。例如若有政策在立法會通過後，卻被質疑違反《基本法》或人權，而有市民提出司法覆核，律政司司長便要作出回應。

022 十二局

電視問答遊戲節目近年掀起熱潮，假如筆者是電視節目製作人，這個問題必定放在參賽者"必答"之列，因為十居其九都可能答錯而被沒收獎金，問題就是："特區政府現有多少個決策局？"問題看似簡單，但事實上過去數年決策局的數目不斷變更，想答中問題，非要緊貼時事及擁有很強的記憶力不可。

現時政府強調問責性及參與度，但要增強市民對政府的監察及參與決策的興趣，必先提高市民對政府的認識，假如連架構及工作範圍也一知半解，那又如何能客觀監察及提出意見呢？

架構改變

然而，單是架構方面，在回歸後便已被更改過數次。現時的決策局(即相當於西方政府的內閣)，負責就重大的政策或政治議題作出決定，再交由下屬部門執行。例如最低工資制度，便由勞工及福利局局長提出，通過後交由勞工處監督僱主執行。但回歸後，決策局的數量由實施高官問責制前的 16、17 個，到實施高官問責制後變成11個，及至曾蔭權連任後，又再重整為 12 個，除增加了發展局負責規劃未來之外，原有各局之間的分工亦有所調整，成為"三司十二局"，改變之多實在令人眼花繚亂。

內閣：內閣一般是指由政府行政首長委任的高級官員所組成的會議，就重大的政策或政治問題作出決策。在英國，由首相從國會議員中挑選任命為內閣成員。而美國則是總統從四方八面延攬人才進入內閣。

三司十二局：三司包括：政務司、財政司、律政司；十二局包括：教育局、政制及內地事務局、保安局、食物及衛生局、公務員事務局、民政事務局、勞工及福利局、財經事務及庫務局、發展局、環境局、運輸及房屋局、商務及經濟發展局。

　　此外，在過去數年的政府民意調查中，顯示部分官員民望持續低落，甚至沒有甚麼人認識，一些工作範疇較為專門的決策局，例如財政事務及庫務局局長，一般市民根本喊不出他的名字，如該局長過去不是從政者，就更少市民認識。另一原因是市民難以辨清各個決策局的分工，如發展局當然與負責規劃環境有關，但是十二局中又有環境局；又或將責任誤歸咎於另一決策局，例如骨灰龕的興建問題乃屬於衛生及食物局的範圍，但一般人多認為與土地規劃有關，而把賬算到發展局的頭上，令市民如墮入十里迷霧。

　　所以，政府要強化管治，加強問責，還是應從釐清各局的工作做起。

023 副局長及政治助理

陳志遠以 28 歲之齡，出任衛生及食物局政治助理時引起全城嘩然，因政治助理的月薪可達十多萬港元，比起一位行醫多年的顧問醫生更高，令不少人士既替專業人士不值，亦暗指政府亂花公帑。一個人的工資待遇是否合理，當然不應從年齡來判斷，否則又是另一種年齡歧視，而是應從其工作表現作評價。2008年時，政府剛委任第一批**副局長**及**政治助理**，當時難以衡功量值，但現時他們的表現則可以來一個中期結算。

副局長之作用

不論被政治任命的這批人士表現如何，政府委任副局長的確有其需要。高官問責制的目的是要使公務員可以抽離於政治工作，亦即卸下政治責任，由政治任命的局長負起宣傳、解釋、維護政治決定的責任。可是，十多位局長不是三頭六臂，又不懂孫悟空的分身術，因此，在高官問責制推出初期，部分局長的工作需要由公務員身分的常任秘書長負責。這樣便違反了原來政治與行政分離的原意。

而任命副局長的話，就能分擔局長的工作，最少令市民的矛頭不會只集中在局長一人身上。問題只是出任的人是否稱職？根據民調及立法會議員的意見，似乎副局長的民望並

副局長： 政府在 2008 年 5 月委任首批副局長，其角色基本上是各個政策局的第二號人物，負責推銷政策等政治工作，並在局長不在港或不能履行職務時，暫代局長之位。設立副局長的其中一個目的是培養政治人才，讓一些較年輕的政治精英有機會熟習政府的運作，為日後接班鋪路。

政治助理： 政府在委任首批副局長的同時，亦委任了一批政治助理，其重要性及權力較副局長為低，主要負責草擬局長的演講稿、與傳媒及政策範疇內相關團體聯絡。

不算高。此外，設立副局長的另一個目的是為特區培養政治人才。可是，這些副局長來自四方八面各個專業，任期和委任他們的特首一樣，而當特首落任後，他們不一定受到新特首的青睞而離開，這樣又如何能為特區儲備人才呢？

政治助理之職責

政治助理方面，其設立則有點奇怪。政治助理的工作需要協助局長草擬講稿、聯繫相關團體及傳媒等，這些工作類似西方政治近年流行的所謂"政治化妝"，其實正是每位局長的政務助理及新聞秘書原有的工作。那麼，又何需架牀疊屋，增加政府開支呢？其實，在局長之中，亦有不少沒有聘用政治助理，可以反映他們認為這職位乃是可有可無。當然，政治助理亦可以發揮儲備政治人才的功能，但是面對的問題卻與副局長沒有兩樣。

當然，**政治精英**是需要機會才能培養他們的能力，同時，要有場地讓他們表現自己，想想，副局長及政治助理的做法是否比較像在溫室培養小花？未經風浪，又如何能茁壯成長呢？培育政治人才，最佳的方法還是增加直選議席，讓他們接受民意的洗禮。

政治精英：過去的研究顯示香港的政治問題核心在於政治精英的匱乏，這點當然與殖民統治時期，大部分政府高層來自宗主國有關。但是更重要的是政治封閉，政治參與只是部分人的特權，這樣，政治人物未能在競爭中進步，自然難以培養出類拔萃的政治人才；此外，政途封閉，亦令一些有能之士放棄參政。

024 常任秘書長

曾幾何時，政務主任是不少大學畢業生夢寐以求的工作，不單起薪點高於一般私人機構，更重要的是在殖民地管治後期，香港司級官員可不再由英國的聯邦及外交事務部委派，而是從本地的政務官中提拔，有能力又獲賞識者可高升至僅次於港督的布政司，即相等於今天的政務司司長，可謂"一人之下，萬人之上"。但是，這條燦爛的仕途，隨着 2002 年 7 月 1 日實施高官問責制後而終止。那麼，政務主任是否已失去以往的地位呢？

設立高官問責制的其中一個目的，是把高級公務員的政治責任分割出來，交予政治任命的問責官員。這樣，一方面可以令公務員專注輔助政策制訂及執行的工作；此外，也能平息民憤，因為公務員是終身聘用的，即使其政治或政策決定出了亂子，政府也不能因此而辭退他們，只能以調職或降職作懲罰，效用不大，亦不能令公眾息怒。換上非公務員的問責官員，便可以解決這些問題。

而當時為了安撫在位的"局長級"公務員，令他們不至於要降級及減工資，遂照搬英國的做法，設立**常任秘書長**一職，作為決策部門的公務員之首。

> **常任秘書長：**常任秘書長（Permanent Secretary）是政府決策局官員，屬公務員體系成員，主要負責維持決策局日常運作、協助問責局長制訂政策並帶領屬下公務員執行，也是公務員體系中最高的職級。

職位名稱改變之後

由局長變身常任秘書長，部分政治權力當然被分割予政治問責官員，但並不表示他們就此大權旁落。其他民主國家的經驗告訴我們，由於問責官員是從外部聘用，他們一方面不熟悉政府的運作；另一方面，對有關的政策範圍亦不一定是專家。因此，在運作上及專業知識方面，仍要倚重公務員，更甚者，可能令公務員有機會架空問責官員。

當然，這種情況在實施高官問責制後，並不常見，因為如前文所說（參考第 18 條），行政長官難以在政府以外找到人才出任問責官員，所以，大部分問責團隊的成員皆為公務員出身，主要官員的職位仍是為政務官而敞開的。最明顯的例子是 2009 年時任商務及經濟發展局局長的馬時亨因病離職，行政長官並沒有委任同樣是問責官員的副手蘇錦樑頂替，反而提拔了該局的常任秘書長劉吳惠蘭。再者，常任秘書長控制了部門的實際權力，包括財政、人事及政策制訂的前期工作，仍然是大權在握。

換了個名稱，將政治工作交予問責官員，由他們去面對公眾，接受批評，自己卻可以埋首實際工作，對公務員而言，反而更加稱心如意。

公務員體制

香港的打工仔受《僱傭條例》保障，遇上無良僱主剝削僱員，可依法例向勞工處舉報。但香港有十多萬僱員並不受此保障，他們就是被譽為手執"鐵飯碗"的"打工皇帝" —— 公務員。那麼公務員有哪些保障呢？又待遇是否特別優厚？

不同於一般打工仔

公務員除受到《公務員事務規例》所規管外，亦受專為公務員而設的法例如《公務員(管理)命令》及《公務人員(紀律)規例》所管制。根據公務員事務局的網頁指出，《公務員事務規例》中詳列了各級首長的權力、公務員的聘用條款等。[2] 公務員與《僱傭條例》下的打工仔之分別，主要在於勞資糾紛方面。在私人企業，若有勞資糾紛，僱員可以到勞工處尋求協助，再在勞資審裁處解決。但是，公務員則可以就政府管理層的僱傭決定尋求司法覆核。例如前投資推廣署署長盧維思因被指在推行"**維港巨星匯**"時監管不力，最後被裁定失職，被政府判罰一個月工資，他不服判決，在 2007 年就判決向法庭申請司法覆核，結果獲判勝訴。

> 維港巨星匯："維港巨星匯"是政府在 2003 年沙士後為了重建香港經濟，向國際社會推廣香港已從疫症中復興過來的一項活動。政府撥款一億元予香港美國總商會籌辦是次活動，包括聘請國際知名的歌星來港表演，但由於門票安排混亂，加上海外版權等爭議，令社會感覺政府沒有有效運用公帑聘用合適機構籌辦活動。負責協辦活動的投資推廣署署長盧維思被指責無旁貸。

此外，公務員薪高糧準，由於是終身聘用，故被稱為"鐵飯碗"。經典事例是 2000 年出現多宗房屋短樁事件，立法會認

2　資料源自特區政府公務員事務局的網頁 http://www.csb.gov.hk/cindex.html

為房屋署署長苗學禮監管不力，通過了不信任動議，但由於苗學禮是公務員，故不用被問責下台，結果不但沒有丟官，還在高官問責制設立後，升任為財經事務及庫務局的其中一位常任秘書長。

為甚麼政府要如此優待公務員？這與防止貪污有關。為了建立一個穩定的政府，故給予服務人員較優厚的待遇，減少受到外來引誘的機會及為了個人利益而與商業機構有過多聯繫，而有所偏私，以做到養廉、防貪的效果，亦有助維持政治中立。但近年出現多宗公務員在退休後加入大企業的事件，這些效用遂備受質疑，甚至令人懷疑公務員利用職權，向商界輸送利益，為退休後謀取福利。

公務員政治中立

　　前保安局長，現任立法會議員葉劉淑儀在 2003 年推銷《基本法》二十三條立法時，與前政務司司長陳方安生作隔空辯論。葉劉淑儀指香港的最高級公務員素來沒有所謂政治中立，她認為以此來批評政府當時要求保安局高級公務員推銷二十三條立法是無的放矢。到底所謂公務員政治中立，所指為何？哪個級別的官員才要中立呢？而現實情況又如何呢？

　　《公務員守則》對政治中立有以下定義，原文如下：

　　"不論本身的政治信念為何，公務員必須對在任的行政長官及政府完全忠誠，並須竭盡所能地履行職務。在履行公職時（包括提供意見、作出決定或採取行動），他們不得受本身的黨派政治聯繫或黨派政治信念所支配或影響。公務員不得以公職身分參與黨派的政治活動，亦不得把公共資源運用於黨派的政治目的上，例如進行助選活動或為政黨籌款。"[3]

　　前公務員事務局長王永平在 2004 年回應立法會議員提問時指出公務員政治中立的原則，曾表示：

　　"（一）公務員的政治中立，建基於效忠政府的責任；（二）所有公務員應對在任的行政長官和主要官員盡忠；（三）公務員必須衡量各項政策方案的影響，在政策制訂過程中坦誠而清晰地提出意見；（四）在政府作出決定後，不論個人立場如何，公務員應全力支持，把決定付諸實行，並且不應公開發表個人意見；以及（五）公務員應協助主

3　資料源自特區政府公務員事務局的網頁 http://www.csb.gov.hk/cindex.html

要官員解釋政策，爭取立法會和市民大眾的支持。"[4]

這些要求對前線的人員會較易執行，在執法時，不會因為服務使用者的政治立場而有所偏袒。例如申請公共場地作活動用途，不會因為某活動的性質是挑戰政府而不予批准。可是，對於高級的政府官員，他們有責任推銷政府政策，要做到政治中立便可能出現困難。

政治中立的困難性

政治行政二分：由政治學者兼美國總統威爾遜提出，把政府的兩個功能分開。在現代的西方政府運作中，政治任命的官員負責決策的部分，需要負上政治責任；而公務員則負責行政，以執行為主。

例如二十三條立法，本身由於是一個政治問題，涉及以上提到的黨派政治信念，推動立法其實已經暗示了其政治立場或態度。所以，要求官員在嚴守政治中立的同時又要忠於推銷一些具敏感性的政治政策，可說是強人所難。最佳的做法，可能是大幅增加問責官員的數目，把政治及行政工作分開（即"**政治行政二分**"），以政治任命官員取代公務員中的高級職位，以問責官員推銷政策，由於他們是政治任命，可以有政治立場，事情便好辦得多。

不過，要真正做到公務員政治中立，單是制度上的改革並不足夠，公務員的意識培訓亦十分重要。公務員團隊過去被認為是香港的一大資產，其專業中立是元素之一，政府應想方設法把優良傳統保留下來。

4　資料源自立法會的網頁 http://www.legco.gov.hk/

027 香港電台

80、90 年代時，香港政府跟隨西方主流意識形態，強調將公共服務市場化，有競爭才能提升質素，故紛紛把公營部門公司化或外判，此舉可減少公務員數目，縮減政府開支。此時期曾一度引起公務員強烈不滿，擔心市場競爭令一向獨市經營的服務需要大幅改革，以配合市場需要，會令工作量大增；又或因競爭失敗而被裁員減薪。因此，當時曾引發一輪工潮，而在這片反對的聲音中，卻出現一支逆流，就是香港電台。

早在 80 年代，香港電台已要求脫離政府獨立或進行公司化改革。中、英雙方就九七過渡的安排，亦曾為此作出討論，但最後議題被擱置下來。及至近年，港台員工又再提出要求，政府更成立委員會研究**公營廣播**的發展。

> **公營廣播**：根據前廣播署署長朱培慶引述世界電台電視議會的定義指出，公營廣播機構是一所不受制於商業或政府利益，為公眾服務的傳播機構。由於大氣電波是公民所擁有的寶貴資源，故需要面向每一個公民，並鼓勵公民接觸及參與公眾生活，啟迪知識、拓展公眾視野、了解世界。[5]

獨立運作的好處

難道港台的員工不擔心自己的飯碗嗎？可從幾個角度思考。

首先，所謂的公司化，並不等如轉營成為私人公司，變為類似商業電台及新城電台般純粹以商業為主、盈利為先。英國廣播公司(BBC)就是一個好例子，其營運經費來自政府相關的牌照費，因此有固定的收入，不受政府每年預算增減的影響，是獨立公司卻不以商業模式運作，但是，澳洲的公營廣播機構

(ABC)其經費則來自政府。

其實所謂公司化，只是政府以外能獨立控制的公司，並非要完全脫離、自負盈虧，但由於獨立性高，製作彈性亦高一點。事實上，港台員工除了擔心飯碗外，更憂慮的是編輯自主的問題。過去數年，港台有不少節目被親政府人士指其針對政府，甚至是利用公帑反政府。首先，港台的資源的確來自公帑，所以應為公眾喉舌，為小市民抱不平，而不是充當政府的傳聲筒；再者，港台若能獨立於政府，就更能保障其自主性。

港台創於 1928 年時，是一班廣播發燒友聚在一起，為暢所欲言而設立的私人活動，後來才納入政府規管之下。今天要求回復獨立身分，亦不過是返璞歸真而已。再者，港台若能獨立於政府，就更能保障其自主性，不用憂慮能否自主編輯的問題。

5　資料源自香港電台節目《傳媒透視》的網頁
　　http://www.rthk.org.hk/mediadigest/20051115_76_120675.html

公務員薪酬

公務員一般的待遇都較私人公司為高，早入職者更有長俸，是不少打工仔夢寐以求的退休保障，令活在水深火熱的小市民羨慕，因為公務員的薪金乃由納稅人支付，而納稅人的待遇卻往往比不上公務員優厚。

公務員的待遇是否過於優厚？其實客觀地分析，香港的樓價之高、物價及上升幅度之大，公務員的待遇只大約貼近實際需要，問題倒是私人公司員工的待遇是否過低，而形成一個反差，反而更值得深思和討論。事實上，一般私人公司只按老闆的喜惡來決定員工福利，相比起來，公務員薪酬制度其實更客觀和合理。

公務員的薪酬的釐定方法

按政府的規定，公務員的薪酬和待遇主要靠兩項調查（見**公務員薪酬釐定的諮詢機構**）來釐定：1. 薪酬水平調查；2. 薪酬趨勢調查。薪酬水平調查每隔數年才進行一次，將公務員待遇與私人機構對比，當中考慮因素包括職級及學歷，從而了解公務員待遇是否落後於市場。趨勢調查則每年進行，按員工工資分為三個級別，分析私人市場不同級別的薪酬加減情況，以釐定每年的加減幅度。而除了這些調查數據

公務員薪酬釐定的諮詢機構：公務員薪酬及服務條件常務委員會、首長級公務員薪酬及服務條件常務委員會、紀律人員薪酬及服務條件常務委員會，會分別就非首長級公務員、首長級公務員及紀律部隊人員的薪酬向政府提供意見。

薪酬趨勢調查委員會是一個獨立組織，在1983年成立。委員會主要進行每年的薪酬趨勢調查、分析所得的結果，同時確保數據可正確地被使用在公務員的薪酬調整上。[6]

外，還會考慮香港經濟情況、政府財政、生活費用、員工要求及公務員士氣等。最後由各個薪酬常務委員會向當局建議加幅或減幅。

　　所以，論透明度及公平性，公務員待遇的釐定，一般較私人公司優勝。當然，公務員的不滿並不因此而完全消弭，例如過去數年，消防員經常投訴工作危險性大，卻得不到與其他紀律部隊同等的待遇。這樣，薪酬水平調查除了與私人公司比較外，恐怕連政府內部也要客觀地比較一番。

6　資料源自公務及司法人員薪俸及服務條件諮詢委員會聯合秘書處的網頁
　　http://www.jsscs.gov.hk/ch/about/overview.htm

029 公務員敍用委員會

　　大學是一個作育英才的地方，大學生作為社會良心，應關心社會、認識國家、不平則鳴。不少熱血青年，會參加示威遊行，又或加入政治組織和社會運動。但家人和前輩們往往多抱持保守的觀念，希望他們找到一份穩定的工作，例如加入政府做公務員，拿着"鐵飯碗"，總勝過因示威遊行被抓，斷送大好前途，留有不良紀錄而無法拿"鐵飯碗"。但其實政府在取錄公務員時真的會作出政治審查嗎？

　　現代的文官制度強調政治中立，用人唯才，而不是內地以往強調的要"**又紅又專**"。政府聘用一個職位，或晉升一位公務員，最重要是考慮其能力及經驗是否勝任，而非考慮過去的私人活動，如學生年代是否一個專門與政官唱反調的學運分子。而事實上，不少政府聘用的高官，在學生年代確實是社會運動的活躍分子，或學生組織的中流砥柱。亦是這些經驗及質素，才能成就對社會有責任感及領導能力高的公務人員。

> **又紅又專：**"又紅又專"的"紅"是指正確的政治觀點；"專"則是專業知識及技能。中共前領導人毛澤東於1958年提出，要求幹部做到這點，把政治與技術結合。有關要求一直影響中共的人事任用政策。

政府用人方針

　　為了釋除公眾疑慮，提升政府在用人、升遷方面的公正性及獨立性，不論在回歸前後，政府都有獨立委員會負責此項目。回歸後此委會由行政長官任命，稱為公務員敍用委員會。

　　為了確保委員會的公平公正，現任行政、立法及司法部門的人士都能參與及受委任。由回歸至今，委員會只有兩位主席，皆為前政府司局級官員。委員會的主要職責是就高級官員的聘用及晉升向行政長官提供意見，一般來說這些高級官員的頂薪點達政府總薪級表第26點或以上。此外，委員會亦處理部分公務員的紀律個案、促使部門在人事方面符合有關程序、向公務員事務局提供政策意見等。[7]

　　所以公務員敍用委員會雖不屬於政府的招聘部門，但卻對公務員的前途有莫大的影響。

7　資料源自公務員敍用委員會的網頁 http://www.psc.gov.hk/cindex.html

政務主任

"**藍血貴族**"一般指歐洲的貴族精英。在歐洲未民主化及建立文官制度前，官位由貴族世襲，一般平民百姓即使多麼出色，也難以成為一分子。香港在殖民地管治下，雖然沒有血統上的藍血貴族，但殖民地政府卻精心挑選一班精英成為管治階層，即"香港藍血貴族"，他們便是政務主任。

在 80 年代以前，這些政務主任一般來自香港大學成績優異的畢業生，其後，才陸續有中文大學及其他大學的畢業生成功受聘。由於他們來自香港當時的首席學府，更可官至司級官員，故被社會理解為精英中的精英，是殖民地政府悉心栽培的治理人才。由於得天獨厚，在他們之間亦形成一份優越感，被視為香港的"藍血貴族"。

> **藍血貴族**：根據一些傳說，"藍血"是指歐洲貴族，"藍血貴族"源自西班牙王室。古老的西班牙人認為貴族身上流淌着藍色的血液。那時古老的卡斯蒂利亞貴族宣稱自己的血統最為高貴、純正。貴族經常會挽起袖管，展示自己雪白手臂上清晰可見的藍色靜脈血管，稱之為藍血。這與膚色黝黑的摩爾人大不相同，亦因為不從事體力勞動所以貴族的膚色與經常曝曬的勞動羣眾有所不同。

政務主任今與昔

政府目前聘用約 17 萬公務員，但只有 600 多人是政務官，僅佔全體公務員約 0.3%，可見出他們的確是精英中的精英。為了培訓這羣人才，政府實施一種輪調制度。即是讓政務官在一個部門一般工作兩至三年後，便會調到另一個部門，例如特首曾蔭權也曾在財務科工作，亦曾在 80 年代出任沙田政務專員。這種安排可以讓他們熟習如何制訂政策，又可以有機會在地區工作，學習如何與羣眾溝通及協調地區上各部門的服

務。此外，政府還在內地省市設有辦事處及在世界 13 個主要
城市設有經濟貿易辦事處，政務官亦會被外派到這些地方，擴
闊眼界及加強人際網絡之餘，亦可嘗試獨立工作。[8]

　　回歸前政務主任可謂天之嬌子，但時至今日卻面對着不
少的挑戰。在政治制度日趨開放下，民意是制訂政策的首要
考慮。正如前任中央政策組首席顧問劉兆佳在過去的研究指
出，80 年代前的政府與香港社會低度整合，相互的接觸不
多，過去的政務官可以關在辦公室內思考對公眾最有利的政
策，而不會面對太大的阻撓。試想地下鐵路在今天拍板興
建，而不是 70 年代，所遇到的反對絕不會只是當年行政局議
員羅德承的一把聲音。今天要一切以民意為依歸，政務官要到
立法會向民意代表"拉票"，最明顯的例子是 2011 年的財政預
算案，財政司司長最後要接受建制派議員的意見，大幅修改原
議案，才能得到通過。而更有報導指出，一些具爭議性的法案
在立法會審議時，不少初出道的政務官更要到立法會做"狗仔
隊"，在洗手間門外守候，提示親政府的議員投票。

　　再者，在政府引入政治任命的官員後，政務主任的仕途受
限，再不能晉升至局長之位，最高也不過是決策局的常任秘書
長，不是一局之首之餘，還需要聽命於問責局長。所謂的"藍
血精英"，地位已大不如前。

8　資料源自特區政府公務員事務局的網頁 http://www.csb.gov.hk/cindex.html

03 行政主任

40 多年前，一位初出茅廬的年青人，不甘於做孤獨的推銷員，遂決定投考公務員。開始時他並不成功，翌年再接再厲，終於在 1967 年成功投考二級行政主任，再在四年後的 1971 年考取政務主任。很容易就可猜到，這裏所說的是前任特首曾蔭權。有市民或者會問，既然做了行政主任多年，為何又要轉職做政務主任呢？其實，這是不少高級官員典型的仕途軌跡，與行政主任及政務主任的升遷機會、待遇有關；當然，最重要的還是權力。

行政主任的職責與待遇

根據政府資料所示，行政主任屬於"專業管理人員，特別擅長資源和系統管理"。他們多是**通才**，職責主要分五大類，即 1. 人力資源管理：負責聘用、晉升及審查屬下公務員；2. 財政資源管理：財政分配管理；3. 行政支援：提供文書、會議等支援工作；4. 項目管理：策劃政策推行，及；提供直接服務：如舉辦活動及處理投訴等。[9]

> **通才**：英國的文官制度傾向由一些有識之士擔任部門之首，他們多以學習文、史、哲或社會科學的人為主，以其宏觀的視野帶領部門的方向，並管理專業人員。所以政務職系及行政主任職系也多為修讀文、史、哲的人才，而工作的部門亦不斷輪流調換，讓他們能掌握更全面的知識。

行政主任的待遇及晉升空間亦比政務主任低。以 2012 年的薪級點計算，行政主任入職月薪約 2 萬 3 千元，而政務主任則有 3 萬 7 千多元，兩者相距 1 萬 4 千元，對一般剛離開大學、投身社會的年青人來

說，這個差距可能是一個多月的工資。再者政務主任可以官至政府的決策層，出任常任秘書長，有幸獲行政長官賞識的話，更可脫離政府，出任問責官員，薪金及地位皆可觀。相反，行政主任升至最高層是高級首席行政主任，月薪可至首長級第二點，也有 13 萬多元，但可能需要數十年的時間，然而一位工作了十多年的政務主任已有此收入，故相對來說十分吸引。

理性分析下，為求賺錢而投入政府者其實並不多，因有能力者加入私人公司的話待遇更優厚，一般從政者的心態，除了希望服務社會外，現實一點，可能也為掌握權力。正如上文提到，行政主任的職責主要是一些事務性的工作，以支援性質為主，對有抱負的年青人而言，可能認為工作十分瑣碎，影響力不大；相反，政務主任可以參與決策，兩者的吸引力實不能同日而語。所謂"一入侯門深似海"，難怪曾蔭權也要轉職，否則後來便沒有機會攀上特首之位，呼風喚雨了。

032　公務員體制改革

自 1999 年政府提出公務員體制改革後，過往公務員手執的"鐵飯碗"的含鐵量已不能和以前同日而語，變為一隻要之無用，棄之可惜的"膠飯碗"。但是，事實是否如此呢？應從回歸前説起。

回歸前公務員被喻為穩定香港社會的主要力量，中央政府千方百計維持公務員對未來的信心，相信若其能團結及維持高效率服務，回歸只是換一個最高領導人而已，仍可以維持有效管治。因此，在《基本法》第一百條內承諾對公務員的待遇在回歸後不會變差，而幾乎所有本地高級官員亦留下來服務。可是，回歸不到兩年，政府便在 1999 年提出《公務員體制改革的諮詢文件》，向公務員的待遇及種種服務條件開刀，結果引起公憤，造成公務員團體多次上街抗爭，不單令公務員與董建華的蜜月期劃上句號，更標誌着董建華管治的衰落。

> **《基本法》第一百條：**
> 其內容是指回歸前聘用的公務員可安全過渡，除保留工作年資外，薪金、津貼、福利待遇和服務條件都不低於原來的標準。公務員團體曾以此例就政府的減薪建議提出司法覆核。

公務員體制改革內容

推行公務員體制改革的説法是回應在新形勢下市民對公務員的期望，但令人疑惑的是：既然過去公務員的表現一直獲得政府、甚至國際的好評，又何需改革呢？事實上，只要我們看看改革的目標及內容，便一清二楚。改革的目標是希望削減公務員的數目，由 2000 年的 19 萬多，減至 2007 年的 16 萬多，而大部分的改革都是針對公務員的服務條件，反而在提升問責性方面則較少。所以有分析認為是因為自 1997 年金融風暴後，香港政府需面對財政問題及要符合國際上把公共服務市場化的潮流才作出改革，並非單為回應香港市民的意願。

當中最突出的幾點包括"三加三"的制度，新受聘的公務員需要完成兩個三年的合約，才會被考慮是否轉為長期聘用；此外，2000年以後入職的公務員將由長俸制改為強積金制度；政府為了達到縮減人手及開支的目標，又提出多項提早退休計劃及調低各職位的起薪點。當然，還有更激烈的建議措施，例如將薪酬與表現掛鈎等。

雖然，部分改革在公務員團體、工會的極力反對下並沒有實施，但是已經破壞了雙方的信任，董建華政府可謂得不償失，更埋下日後因減薪而與公務員對簿公堂的情況。

033 華員會

　　熟悉荔景山及九華徑一帶的市民都會知道那裏有一個由五幢樓宇組成的屋苑，名為華員邨。有些人會聯想到華員會，而事實上，華員邨是由香港政府華員會所興建的，曾經是公務員宿舍。1952 年，香港政府華員會為協助會員向政府申請撥地興建政府公務員住宅，特別成立了香港政府公務員建屋合作社，以處理有關事宜，而華員邨就是當中最大的項目。一個工會可以同時扮演地產發展商的角色，必須要有一定實力，而這亦拜香港龐大的公務員系統所賜。

　　香港政府華員會在 1914 年成立，是政府內最大的公務員工會聯會，其分會超過 60 個，對政府的公務員政策有一定影響力。[10] 除了華員會外，其他較大型的公務員工會聯會還包括：公務員總工會、香港公務員工會聯合會及政府紀律部隊人員總工會等。這些工會組織的一大特色是儘量非政治化，其工作主要集中在會員福利上，小至購物中心、會所酒樓，大至與政府談判公務員的待遇等。

　　政府在 60 年代後期開始重視與公務員之間的溝通，於是成立各個**公務員評議會**，與他們討論公務員的相關政策，避免矛盾加大，影響公務員隊伍的士氣，甚至是香港的社會穩定。而公務員工會為了增加本身的影響力及保障會員權益，亦樂意參與。除了各個公務員評議會外，公務員總工會及香港公務員工會聯合

公務員評議會：現時香港政府設有四個中央公務員評議會，分別為高級公務員評議會、第一標準薪級公務員評議會、警察評議會及紀律部隊評議會。官方及員工代表會就公務員的待遇、服務條件及新政策定期開會並交換意見。

10　資料源自香港政府華員會的網頁 http://www.hkccsa.org/index.htm

會還派出代表參選勞工顧問委員會的勞方代表選舉，希望更全面的影響本地的勞資關係政策。

事實上，除了談判外，當政府與公務員代表就服務條件談不攏時，雙方亦會訴諸羣眾，政府當然亦會通過親政府的媒體，指責公務員貪得無厭，不願與市民共渡時艱；而工會亦會發動遊行，爭取公眾支持，2010 年警務處的兩個工會威脅發起遊行，要求加薪便引起社會及政府的廣泛關注，政府遂改變態度與他們再次談判。究其原因，都是因為公務員對社會穩定的象徵意義實在太大，令他們有足夠籌碼與政府討價還價。

立法機關

香港的立法機關採取一院制模式,即是只有一個議會,就是現時的立法會。其負起了通過法律及監察行政當局施政的功能,是香港最重要的民意代表機構。

立法會在主權回歸前稱為立法局,1843年成立,原名為定例局,及後改稱為立法局。回歸前,立法局在憲制上一直只是港督的諮詢機構,直至1993年止,立法局主席皆由港督兼任。

香港立法機關經歷160多年的發展史,當中有不少重要的轉變,包括1884年首次有華人被委任為非官守議員。及至1985年,香港開始逐步發展代議政制,在立法局引入24席間接選舉議席。1991年,市民期待已久的地區直選終於落實,共有18個立法會議席由全港九個選區每區選出兩席。1995年立法機關正式告別委任制,議員全數由選舉產生,但當中只有三分之一是經地區直選選出,而隨着民選席位增加,立法機關對行政當局的監察亦有所加強,更通過不少"私人法案"落實有利民生的措施。回歸後,立法會在《基本法》的規定下直選議席逐步增加,至今,立法會內有一半議席由功能組別選出,一半由地區分區直選選出,而根據全國人民代表大會常務委員會的決議,香港最快在2020年全面落實立法會普選。

立法會目前除了星期三的例會外,還設有其他委員會專責不同事務,包括內務委員會、財務委員會、18個事務委員會、政府賬目委員會等常設委員會。而如有需要,立法會可成立非常設的法案委員會審議法案,或設立專責委員會對個別影響公眾的重大事件作出調查,例如調查"雷曼債券"的專責委員會。為了支援議員的工作，立法會亦設有秘書處，除提供議會行政支援外，亦有研究部及圖書館，為議員提供政策分析；此外，立法會申訴部則協助議員處理市民的投訴個案。

立法會的主要權力載於《基本法》第七十三條，包括通過法案的權力、控制公共財政、監督政府及處理投訴。在回歸後，立法機關新的一項權力是對行政長官的彈劾權，以體現行政立法互相制衡的作用，行政應向立法負責。但是，一如外國其他擁有類似權力的議會，要行使此權力一般需要"過五關，斬六將"，所以即使有權做，卻很難做得到。相反，《基本法》七十四條對議員條例草案所引入的新限制便具體得多；再者，根據《基本法》附件二的規定，議員提出的任何議案除特別註明外，皆需要進行分組點票，大大削減了立法會的權力，亦使行政當局可以更有效地制衡立法機關。

需要立法推行的重大政策之政策制定簡單流程

1. 政策的蘊釀及發現問題：
   - 行政機關在執行政策時遇上問題；
   - 諮詢組織反映對某一社會問題的意見，認為應加以處理；
   - 公眾輿論關心某一社會問題，認為政府應制訂政策解決。
2. 相關的決策局草擬討論文件，列出可行的解決方案。
3. 交行政會議討論是否推展有關政策及其細節。
4. 諮詢公眾、相關的諮詢委員會及立法會有關的事務委員會(俗稱"過冷河")。
5. 總結諮詢結果，交行政會議再討論及由律政署進行法律草擬的工作。

6. 把草案刊於《憲報》，並向立法會發出草案的簡介。

7. 相關決策局的官員到立法會一讀及二讀草案，立法會主席決定"中止二讀待續"。

8. 立法會內務委員會決定是否就該草案成立法案委員會。

9. 法案委員會與官員就草案進行討論，並提出修訂建議。

10. 行政會議討論有關法案經修訂的版本。

11. 法案委員會主席向立法會內務委員會提交報告，並提出恢復二讀辯論的日期。

12. 立法會恢復二讀辯論草案的大原則。

13. 二讀獲立法會通過後，進入委員會階段，就行政當局及議員提出的修訂進行討論及表決。

14. 三讀表決是否通過法案的最後版本。

15. 由行政長官簽署並予以實施。

034 立法會委員會

立法會議員薪酬及工作開支償還款額委員會曾建議，把立法會議員每年津貼加至逾 2 百萬，有聲音認為政府浪費公帑，皆因議員們逢星期三開會，會議最長約 11 個小時，可處理的事務實在有限，動用 2 百多萬來協助其工作殊不合理。其實如果對立法會的工作有多一點了解，便發覺這個數字並非全無道理。

雖然難以完全否定立法會沒有尸位素餐的議員，但多數立法會議員仍是要盡力工作的。而其投放最多時間的地方，往往不是曝光率最高的立法會大會，而是其他委員會。立法會有兩個常設委員會，內務委員會及財務委員會，一般都在星期五開會(見**委員會制度**)。

> **委員會制度**：西方議會一般會把大部分權力及工作，交給屬下的委員會去處理，委員會可以進行公開聆訊，聽取專家及利益團體的意見以便執行工作。美國的議會委員會權力十分之大，其兼具監督及審議政府政策與法案的功能，是政府決策部門在國會的一個對口單位。

兩個常設委員會

內務委員會由立法會主席以外的所有議員組成，負責處理立法會的議程，如遇上議員特別關注的事項及法案，也需決定是否成立委員會跟進。至於財務委員會，其成員與內務委員會相同，但處理不同的事項，財務委員會負責撥款，屬下還設有工務小組委員會及編制小組委員會。由於所有政府的開支都需要經過立法會審批，所以工作十分繁重，遇有重大議案，例如高鐵撥款或審議財政預算之類，往往需花上三數日時間。再者，在現時立法會的立法權力被削之情況下，控制政府財政成為議員的一項有力武器，能令政府改變政策，早前有關交通津貼的討論就是一個最佳例子。

除了財政審批權外,立法會亦有財政監察權,其屬下的政府賬目委員會便會定期討論由審計署提交的報告,了解政府有否合理使用公帑,有需要時更會召開會議傳召官員答辯。

"過冷河" 制度

除了財政監督外,亦需要監察行政機關在政策及立法上的工作。立法會設有 18 個事務委會,會定期召開會議,就公眾關心的議題傳召官員作出彙報。這些委員會有俗稱"過冷河"的制度,所有政府建議的政策及立法項目,都先交予相關的事務委員會商討,並聽取議員意見。此外,在立法過程中,若議員認為有需要,也可以成立法案委員會,就某一個法律草案作深入討論。一些法律草案經過議員反覆討論及修訂後,可以與原來的版本面目全非,這個也是議員影響政策制訂的有力武器。

最後,議員亦需花不少力氣在一些專責委員會身上,例如過去便成立過調查"公屋短樁"的委員會及"沙士責任"的委員會。由於可以運用立法會的《權力及特權法》傳召證人作供,其影響力當然不低,而工作之嚴謹及所花時間之長短亦往往與權力成正比。

由此可見,立法會委員會要跟進的事務之多,並不是單從那十來個小時的"星期三大會"可說明的,而去衡量一件事情是否正確,或一批撥款是否用得其所,應該以宏觀的角度,多了解細節及事實的真相才可判斷。

035 立法會主席

傳媒或大眾一般會把立法會主席（**議會議長**）比喻為一場足球賽事中的球證，擁有無上權威，要求議員按規矩討論議題，就如球證一樣，監察以免有人犯規。球賽中只要求進攻一方不可越位，然而在立法會內，卻連主席這個球證也不能"越位"。

自1993年立法局主席不再由港督兼任後，立法機關的主席均由互選產生，包括回歸前的施偉賢、黃宏發，回歸後的范徐麗泰及曾鈺成等。他們可以說是各具特色，令人留下不同印象。施偉賢是大律師出身，當然熟悉法律制訂工作；黃宏發擺脫不了好煙好酒的形象，但他是政治學者，對議事規則尤其熟悉，所以十分重視議事的程序及議會的秩序，曾開先河趕議員出議事堂；至於范徐麗泰及曾鈺成，相信市民印象最深的還是近年他們處理議事堂內過激言行的手法。

立法會主席職權

事實上，立法會主席不只是一位球證或管理課室秩序的班長。根據《基本法》第七十二條，立法會主席不單有權召開及主持會議，更重要的是他可以決定議程，例如哪些議案可以提出來討論，哪些要丟進廢紙箱等。當然，在現實中為表尊重，主席還是會按着由其他議員組成的內務委員會所提出的建議，來安排議程。不過有一項權力主席是牢牢掌握在手裏的，那就是裁決權，例如《基本法》第七十四條關於議員條例草案，如議員所提出的草案抵觸七十四條的規定，主席有權拒絕讓議員提出。在回歸後，由於主席們對七十四條採取較嚴謹的演繹，所以仍沒有涉及公眾事務的議員條例草案，可以順利在議會內提出來討論。

　　既然主席的權力這樣大，又為何不能如球證般越位呢？首先，主席為表中立，一般不會在議題上投票。這雖沒有明文規定，但是過去的主席候選人在競逐時皆會作出此承諾，以免讓人覺得其有偏私之心。而當正反雙方票數相同時，主席便會投下最重要的一票，但按過去的做法，其通常投給維持現狀的一方，就如球例中要保護防守的一方一樣。

036 立法會申訴部

兩局非官守議員辦事處：行政立法兩局非官守議員辦事處於 1963 年成立，目的為增進其議員與市民之間的聯繫，會邀請市民前往辦事處，就公眾利益事宜提出意見，又或對政府部門提出投訴，並作出處理。非官守議員 (unofficial member) 是指在行政局及立法局內沒有官位的議員，在 1995 年前立法局仍有政府官員出任議員。

立法會議員要為民請命，最直接的方法不是制訂甚麼政策（他們亦沒有權力這樣做），而是直接解決市民的問題及投訴。因此不少立法會議員寧願留在地區聽取市民的申訴，也不願花時間在議會內審議法例。然而，不是所有問題皆能由地區處理的，必須上達，所以立法會申訴部便成為解決這些奇難雜症的地方。

立法會申訴部的前身，是**兩局非官守議員辦事處**。當時傳媒力量不如現在這樣強大，市民要反映意見亦不會隨便上街，多選擇到兩局非官守議員辦事處申訴。當其時每有申訴被接納，申訴團體例必與議員合照，並且刊登上報章，兩局議員辦事處的標誌，相信不少市民仍印象深刻。及至 90 年代，立法會秘書處獨立出來，申訴部被安排在秘書處之下，雖然見報率隨着新聞媒體的動態化、娛樂化而減少，但因為有更多民選立法會議員幫忙，申訴部所接收的申訴數目反而有增無減。

申訴部之服務及作用

根據立法會的資料，申訴部負責向議員提供支援服務，確保市民的申訴和意見能獲得處理，需要時並提醒政府當局是否有改善之處。其工作包括與申訴人會晤和通信、研究個案、與有關機構和政府部門聯絡、協助議員的決定、安排議員會晤申訴人，以及為議員與政府官員舉行的個案會議提供服務。[11] 在整個申訴過程中，議員站在台前，但在背後申訴部往往已經花了很多時間及準備功夫。

或許有人認為市民的申訴個案，最多不過影響一、兩個團體或數十人，不應花費太多力氣及資源去處理，應留來處理政策事務。但其實小市民所面對的現實問題，往往是由於政策的失當所致，例如近年有關骨灰龕的規管問題及市區僭建物的清拆問題等，在未被廣泛關注之前，已曾有團體到立法會申訴過。所以申訴部不單是議員在立法會以外的佈景板，更是社會民情及政策的探熱針。

11　資料來源自立法會網頁：http://www.legco.gov.hk

037 功能組別

　　1985 年，香港的立法會設立功能組別，有傳聞指此制度起源於一批功能主義學者。在社會科學中有所謂"功能主義"或"功能學派"，認為組織的存在，就是要滿足特定的社會需要或功能，而"功能組別"就是這一種組織。不過，香港市民常常覺得很疑惑，功能組別在社會上到底有何功能？為何一些被選中，而另一些卻長期排除於議會之外？

　　功能組別於成立之始只有 12 席，現時已增加至 30 席，彭定康在 1995 年立法局選舉引入"新九組"，以九個行業組別的國民生產總值(簡單來說即經濟生產力)來劃分不同的"地盤"，成為功能組別的挑選準則。但有人可能會質疑，難道家庭主婦就沒有生產力嗎？為何一些界別有三席，而另一些只有一席？要解答這問題，我們可以說一切的"制度上的權力分配"都源於"非制度的權力分配"，即誰控制較多資源，不論是有形或無形的，誰就可在法律上或制度上分配到更多正式的資源，如議席。

選舉制度：現時香港的立法會成員主要來自兩種選舉制度，功能組別選舉由選舉法例指明某些社會界別或團體有權選出代表出任議員，直至 2008 年只有 20 多萬人可以在功能組別選舉中投票。另一種選舉為地方分區直選，把香港分為五個選區，所有年滿 18 歲的選民按居住區域投票選出議員。

功能組別在立法會的角色

　　此外，在立法會內，功能組別又擔當着甚麼角色？按政府的說法，功能組別議員熟悉社會不同的組織或行業，能對相關事項或立法提供專業意見(見**選舉制度**)。而在立法會中當地區直選的議員代表大眾表達民意時，功能組別就能按各自的專業提出意見，以平衡可能出現的偏頗情況。然而，市民也可說，若認為需要平衡不同意見，在地區直選中選擇一些有專業背景的人士便可，政府何須設立功能組別刻意在立法會內增加專業人士的數目？

此外，為何一些界別有三席，而另一些只有一席？在功能組別設立之時，不是已經出現偏頗的情況嗎？又如何能在表達意見時作出平衡？然而，我們應從多角度思考，有不少聲音指出，功能組別的存在就是要維持政府某些既得利益者的影響力。在功能組別設立之初，學者 Ian Scott 指這是港英政府在面對香港回歸中國時，務求與社會上有影響力的利益集團分享權力，形成政治聯盟，以維持過渡期的有效管治。而在回歸之後，特區政府繼承了這種制度，並變本加厲。

2012 功能組別的議席分配

一個議席
- 鄉議局
- 漁農界
- 保險界
- 航運交通界
- 教育界
- 法律界
- 會計界
- 醫學界
- 衛生服務界
- 工程界
- 建築、測量及都市規劃界
- 社會福利界
- 地產及建造界
- 旅遊界
- 商界（第一）
- 商界（第二）
- 工業界（第一）
- 工業界（第二）
- 金融界
- 金融服務界
- 體育、演藝、文化及出版界
- 進出口界
- 紡織及製衣界
- 批發及零售界
- 資訊科技界
- 飲食界
- 原區議會

三個議席
- 勞工界

五個議席
- 新增的區議會議席，候選人需要得到 15 名民選區議員提名。由沒有其他功能組別投票權的選民以一人一票方式選出。

038 比例代表制

　　1995 年立法局選舉，民建聯在 20 席的地方分區直選中，只有陳婉嫻贏得一席；但 1998 年，即回歸後一年的第一屆立法會選舉中，民建聯卻在 20 席中迅速增加至六席。這種情況是顯出了"人心"隨着主權回歸，對中央支持的政黨有更大的好感，而令他們的成績突飛猛進麼？

　　我們當然不能否定這個原因，但除了民心的轉向外，也應從多角度分析過程中的其他因素，例如 —— 投票制度的改革。

投票制度的改革

　　在回歸前，就以 1995 年的立法局選舉為例，當時所採用的是"小選區，單議席單票"制度，將全港分為 20 個選區，每名選民投一票，每區選出一位代表。當時每個選區，往往出現親建制派與民主派對決的情況，由於支持民主派的選民比例超越五成，若平均分配在 20 個選區，基本上民主派能囊括所有議席。95 年時親建制派的陳婉嫻勝出，乃因其出選地區兩派的票數接近，加上她的個人形象討好，而最終獲勝。

　　然而，在回歸後，情況急遽轉變。投票制度由"小選區，單議席單票"制度，改為"大選區，比例代表名單制"。將 20 個選區改為全港只有五個大選區，每個選區有數個議席供競爭，候選人以"<u>名單</u>"為一個候選單位，該名單只要得到一定比例的選票，便有一位候選人當選，即比例代表名單制，而計算議席時則採取**最大餘額法**。

　　就以九龍西為例，改制後有三個議席，只要得到三成三的選票便可以得到一席。按以往經驗，民主派在該區的支持度有六成多，若是在"小選區，單議席單票"制度，那時九龍西分為三區，民主派的得票在各區都有六成，可以全取三席；但是在"大選區，比例代表制"下，九龍西是一區計，但有三個議席，即只要有三成三的選票便可取得一席。如此說，即使民主派有六成選票，也只能分得兩席，另一席則落在有三成多選民支持的親建制派手上。而民建聯就是在新投票制度下由以往近乎全軍覆沒，到後來可以各區取得一至兩席。

在不同的投票制度下，有不同的得益者，我們在評價一個投票制度時，不應只着眼於此點，更應探討的是投票制度對政治運作的影響。有評論認為比例代表制更能反映民意，不論是多數人，還是少數人皆有議員代表他們在議會內發聲。但亦有人認為比例代表制令議會的力量分散，不能集中到同一意見上來監督及制衡行政機關，相反，單議席單票制度就較能做到這點。

名單及最大餘額法： 香港自回歸後引入比例代表制，一直以最大餘額法計算票數分配席位。透過最大餘額方法，候選人須以名單參選，每份名單的人數最多可達至相關選區內的議席數目。候選人在名單內按優先次序排列。選民投票給一份名單，而不是個別候選人。投票結束後，把有效選票除以數額。一份名單每取得一定數額的票數，便能獲分配一個議席，例如一個選區有四席，一張名單取得25%的選票便可分得一席。每份名單的候選人按原先訂立的順序當選。如此類推，將議席分配至每份名單的餘額，當得票比可當選的比例為低時，則從最大餘額者順序分配餘下議席；最大餘額方法因而得名。

議員的國籍限制

《基本法》第六十七條有以下的規定：

"香港特別行政區立法會由在外國無居留權的香港特別行政區永久性居民中的中國公民組成。但非中國籍的香港特別行政區永久性居民和在外國有居留權的香港特別行政區永久性居民也可以當選為香港特別行政區立法會議員，其所佔比例不得超過立法會全體議員的百分之二十。"

其實，《基本法》的徵求意見稿及草稿上都沒有這項規定，這是在最後定稿時才臨時加上的內容。《基本法》第六十七跟二十三條的部分規定及政制部分的建議一樣，是特定歷史背景下的產物。《基本法》定稿在 1990 年初，正是 1989 年北京民主運動被鎮壓後的數個月。由於當時香港社會對內地的民主運動產生極大迴響，發動了三次過百萬人的遊行、集會。有說中央政府因此擔心香港會成為"反共基地"，外國勢力會在香港策動活動來挑戰中共政權，故應對政治人物特別防範，以免其利用立法會議員的身分"搞亂香港"後，可以一走了之，於是便對立法會議員的國籍增加限制，由原來只須是香港永久性居民中的中國公民，變成在定稿中加上沒有外國居留權的規定。至於現時 14 席，即 20% 可擁有外國居留權的議席如何分配，則主要是分給專業及商界的功能組別，認為這些人持外國護照者比較多。其實，坊間的想法是這些界別多為親政府人士，他們"搞亂香港"的可能性比較低。

但若清楚法例，便不免認為《基本法》加上這規定並非必須。根據全國人大常委會在 1997 年回歸前對《中國國籍法》的解釋，香港市民即使擁有外國居留權，中央政府也不會承認其擁有雙重國籍，對於沒有申報放棄中國國籍，而持有外國護照的人，中央政府只視其護照為旅遊證件，在港的外國領事館不能對其提供領事保護。所以，根本不會出現有持外國護照的議員"搞亂香港"後，得到第二國的領事保護的情況出現。

《基本法》的這個規定，反而會造成一個負面後果，就是打擊了一些熱衷參政，但又礙於種種原因，而不能放棄外國居留權的人。結果令市民在投票時，缺少一個好選擇，而香港亦失卻良好的治港人才。事實上，過去亦有類似例子，如 1998 年第一屆立法會選舉，回歸前服務了立法局六年的新界西候選人陳偉業因擁有加拿大護照而要退選。此外，2004 年，鄭經翰幸得加拿大領事館加快放棄護照程序，才能趕及參選。這規定既造成參政障礙亦非必須，香港政府或許應檢討是否廢除。

> **中國國籍法：**根據中央政府網頁的資料，中國國籍法在 1980 年由人大頒佈，其重點在於不承認雙重國籍，而中國公民的身分則由血統決定。只要父或母是中國公民，而其子女若在中國出生，便屬中國公民。外籍人士或無國籍人士亦可以在符合條件下申請成為中國公民及在中國居住。當然，原中國公民如想定居外國，亦可以申請放棄中國國籍。

O40　分組點票

　　制度主義告訴我們，一些在歷史上偶然出現的事件會影響
或導致相應的制度或慣例的出現，而歷史發展也如骨牌效應般
受到影響。有市民總覺得疑惑，為何立法會經常出現一些與公
眾鮮明的立場相違背的決定？又或是在投票時，竟是多數服從
少數？追本溯源，我們會發現這些現象與"分組點票"制度不
無關係。

　　在《基本法》起草的最後階段，中國內地爆發八九民運，
港人傾力支持，令原來已擔心香港不受其控制的中央政府更加
憂慮，而民選的立法會就是其着眼點。如果從這個角度去推
敲，中央政府便應在原有的行政主導模式中，進一步削弱立法
會的影響力。除了要減慢全面推行地方直選的時間表外，更要
減少立法會在政策制訂中的影響力。

一會兩局的反思

　　當時的親政府人士便提出所謂"一會兩局"方案，在立
法會內設立"功能局"及"地方局"，前者由功
能組別議員組成，而後者則由地方普選議員組
成，所有議案都需要兩個局過半數才能通過，
這樣，親政府人士組成的"功能局"便可牽制
普選議員，令其議案不獲通過（見議案與決議
案）；但同時政府提出的議案亦可能極難獲"地
方局"通過。

　　因此，中央提出"優化"建議，仍維持港
英年代一個立法機關的做法，但是由議員提出

議案與決議案：決議
案一般是指用文字記
下的議案，方便與會
的人討論及做決定。
決議案在立法機關可
分為有約束力和沒有
約束力兩種。有約束
力者，即需要以某一
機構執行、落實，沒
有約束力的則只是表
態性質。

的議案，需要分組點票，即分別在功能組別及地方直選所組成的兩組議員中，均需過半數通過方為有效，而政府提出的議案則不用分組點票。這樣，政府的議案便較易通過，而議員的則困難重重。例如一些改善民生的議員動議，在地區直選的組別雖以絕大比數通過，但在功能組別方面卻被否決。若果在兩組合一的情況下，可見支持議案者佔大多數，但議案結果卻被否決。

在"分組點票"的制度下，雖然由議員提出的議案很多時都被否決，但行政當局亦有"焦頭爛額"的時候。例如每年的《施政報告》，沿用殖民地的慣例，由立法會內務委員會主席提出"致謝動議"。但由於這是議員提出的議案，故需要"分組點票"，因此便造就機會給地方直選的組別否決，而不獲通過。

"分組點票"的制度，可以說是機關算盡，以控制一組中的多數，來抗衡總體中的多數，似乎可以令政府掌控一切。但是，我們又應該想想壓抑民意中的主流意見，對整體社會發展到底有何好處與壞處？

04 議員條例草案

議員條例草案：議員條例草案在港英年代稱為非官方議員條例草案，或俗稱私人法案。港英政府援引英國議會制度的傳統，容許非內閣成員的議員可以提出自己的草案，目的是令議會更加多元化，不只執政黨所代表的社會主流聲音才能在議會中得到關注。

法律是文字遊戲，決定往往取決於一字之差。所以，西方諺語有所謂"魔鬼在細節中"，法律條文必須細心精研，否則吃了虧也難以打救。《基本法》第七十四條有關"**議員條例草案**"的規定正是一個經典例子。

一位熱心社會事務的朋友，經常對社會現況提出種種批評，例如工資低、高工時、老人缺乏照顧等問題，朗朗上口，質疑政府不理民意之餘，又批評立法會沒有做好本份去制訂法例改善民生。

可惜，這位朋友空有一顆公義之心，卻對政治制度一知半解。現時立法會的權力其實只限於通過政府所提出的法案，議員若想自己提出法案及落實社會政策，可謂比登天更難。回歸十多年，沒有任何一條與公眾有關的議員條例草案能夠在立法會上被討論，因為《基本法》七十四條規定立法會議員可以提出法案，但不能涉及"公共開支或政治體制或政府運作"。試想，世上有哪一項公共政策能符合這個規定？

"Or" 與 "And"

起草《基本法》時，起草委員會為了強化香港行政主導的體制，限制立法會的權力，所以沒有將港英政府的規定照單全收，相反，加強限制涉及公帑開支的法案，擴大規限範圍。《基本法》通過前，立法局只提出過一條議員條例草案，但隨着立法局民選成分增加，議員提出的草案亦急速增長，單是最後一屆立法會，成功提出的議員條例草案便多達22條。當中不乏影響深遠的，例如《1996房屋修訂（第3號）條例草案》規定政府調整公屋租金時不能超出居民入息中位數的10%，便在回歸後引起多次訴訟，最後更上訴至終審法院。

其實，難度高、空間小的癥結只在一個字，只要把條文中的"或"字改為"及"字（即英文的"or"與"and"），就可變成完全不同的結局。根據現有版本，草案只要涉及公共開支、政治體制、政府運作任何一項，都不能提出。然而，改為"及"字，即要同時抵觸三項才被禁制，空間即時拓闊了不少。

法律就是這麼有趣，看來議員除了懂得慷慨陳辭外，也要精通語言邏輯。

042　動議辯論

立法機關被稱為"議事堂"，因為討論、辯論每天都在這裏發生。有些是為有**法律效力**的議案辯論，例如政府提出的法案或法案的修訂等。然而，最廣為社會所知的，則是沒有法律效力的動議辯論。

在正常的立法會會議中，一般會安排兩個沒有法律效力的動議辯論，其目的在於讓議員提出他們關心的政策或社會議題，既可以了解其他議員的觀點，亦可引起社會關注。由於每次會議只有兩個機會，可謂十分珍貴，需要由立法會秘書處抽籤決定誰有權動議。

引起關注的一種方式

動議辯論在回歸後顯得更加重要，因為，《基本法》第七十四條的設立，使議員提出"私人法案"，即《議員條例草案》的機會近乎零（參考本書第 41 條），議員若有一些公共政策的建議，難以法案的形式提出，希望通過成為法律。於是，只有透過動議辯論，引起公眾關注，期望對行政當局造成壓力，而主動向立法會提出法案，落實政策。過去的一些政策，例如最低工資制度，就是在一些有工會背景的議員不斷在立法會提出相關辯論，引起社會關注，最終政府在壓力下提出有關法案，而得到落實。

而近年有關動議辯論有一個奇特的現象，就是議員修訂原動議特別多，有時候多達五、六個。一些是在原動議的要求中再加上兩三點的建議，有些則只是更改一、兩個字眼，令議案的態度更強硬一點。究其原因，猜想是原議案未合部分議員或政黨的意願，但又不願簡單地投下反對票，因此，提出修訂動議。但是，亦可能是基於一些更"實際"的原因，例如修訂動議可以增加議員的曝光率等，此舉雖狀似多餘，但仍有人相信可引起公眾注意。如遇上敏感議題，更可以吸引傳媒報導，增加曝光機會。再者，一些監察議員的組織亦會以議員提出及修訂動議的次數為標準，來衡量議員的表現，也成為他們修訂動議的誘因。

回歸後，由於實施"分組點票"（參考本書第 40 條），通過議員動議的機會減少，但是亦有一些屢敗屢戰的例子，例如要求"平反六四"的動議就是過去十多年每年皆有提出的議案。而由於動議辯論沒有法律效力，即使議案獲得通過，行政當局亦可能不採取任何行動，所以，一些議員即使議案年年獲得通過，還是要年年提出，以突顯政府漠視民意，有關向殘疾人士提供交通優惠的議案就是最佳例子，到這一、兩年，政府才願意改革舊有政策。

043　三讀通過

中國古代智慧有所謂"三思而後行",凡事想清楚執行上的困難才推行,可以減少錯誤,提升效率。原來西方社會亦有相同的思想,而且反映在政治運作上。回歸前的立法局承襲殖民地宗主國的議會傳統,根據**議事規則**在制訂法律時,有所謂"三讀程序",要通過一條法例並非一蹴而就,應要仔細研究、反覆討論,而回歸後,立法會亦延續了這傳統。

> **議事規則**:立法會的議事規則在回歸後重新訂定,涉及立法會的所有事務,包括立法程序、委員會組成、議員的聲明等。當然,近日較受關注的是議員在議會中的行為及發言規範。

通過法案的步驟

通過一條法案需要多個步驟。首先,在行政當局決定把法律草案提交立法會通過前,需要把草案刊登在憲報之上,由於憲報是藍色的,故又稱為"藍紙草案"。在刊憲後,負責的局長會到立法會大會首讀有關草案(其實只是把草案的長題目讀出)。

接着,是二讀,負責的官員會就條例草案發言,然後,主席會宣佈"終止二讀辯論待續",草案會交到內務委員會決定是否成立相關的草案委員會,對草案內容進行研究及修訂。草案委員會會視乎草案的複雜程度,決定會議的次數及恢復二讀的日期。在草案委員會階段,議員會要求出席的政府官員解釋條文,約見受影響的團體,讓他們發表意見,及迫使行政當局就部分條文按議員建議作出修訂。讀者或許會問,議員為何不傾向由議員本人提出修訂?究其原因,亦是與分組點票有關(請參考本書第 40 條),若由議員提出,需要分組點票,通過的機會較政府修訂為低。當然，若政府堅決不提修訂，議員本身也能自行提出。

在草案委員會完成工作後，會提交立法會大會恢復二讀辯論，議員可就是否支持有關立法的大原則進行辯論表決，若獲得通過，便會進入委員會階段，就政府及議員提出的修訂進行討論及表決，這是最花時間的程序，但卻十分重要，可以令通過的法案更完善。

當完成修訂後，便進入三讀投票的階段，議員一般的投票意向會跟二讀辯論一樣，但有時候亦會例外。例如有議員可能支持設立有關法例，但是卻不滿意經過委員會階段修訂後的最終版本，因而投下反對票。

在整個立法過程中，立法會似乎操有生殺大權，可以決定是否通過草案，但事實上主導權在行政當局，他們可以隨時決定撤回方案，令有關政策胎死腹中。例如《基本法》二十三條立法，當政府預計得不到立法會過半數通過，於是便決定撤回。又例如一些草案，在委員會階段被大幅修訂，超出政府接受的底線，政府可能會威脅撤回方案，兩敗俱傷，令議員的建議亦不能落實。

當然，政府最後的殺手鐧是在行政長官手上，所有法例都需要他簽署才能正式施行。

司法制度

司法機關是最受香港人尊重的政府部門，原因在於其一直堅持審判的獨立性及法律面前人人平等兩大原則，令法院的判決一直得到香港市民的認同，樹立了其權威地位。

為了確立司法獨立，減少法庭判決時所受到的干預，《基本法》及香港一般法律對法院的地位及法庭的審判程序有嚴格的規定，例如終審法院對所有案件有最終的審判權。此外，在法官的任命方面亦相當嚴謹，雖然由行政長官委任法官，但是在提名人選上，一般會採納司法界的意見。再者，為了防止由法官一人判案可能引致偏頗及主觀的問題，香港的司法制度對重要案件會引入陪審員的制度，在法官的引導下，由五至七名的陪審員對案件作出判決，避免一個法官決定一切，增加了審判的公正及獨立性。

要達至法律面前人人平等，除了法庭對與訟雙方同等對待外，更需要建立一些特殊的制度，以減少與訟雙方因財力及社會影響力所造成的不平等。因此法律援助制度、勞資審裁處及小額錢債審裁處的特殊制度便應運而生。此外，司法覆核制度亦容許小市民可以挑戰政府的決定，容許弱勢透過司法制度伸張正義。

在回歸以後，由於香港與國內的司法制度有別，而人大常委會對《基本法》擁有最終解釋權，而引出了"人大釋法"的爭論。令人擔心人大常委會的釋法權若不是依《基本法》一百五十八條的規定，小心地運用，將會影響到香港法院的獨立性，而行政當局若對法院的判決有任何不滿，亦可提請人大常委會釋法推翻法院決定，這樣，在法律面前行政當局似乎比一般市民有更大的影響力。

不過，要保障香港的法治，除了確立一個公正的制度外，提升港人的法律知識亦非常重要，最基本的知識，如民事及刑事，律師及大律師，也要分得清楚。

044 司法制度

終審法院大法官的姪女，因多次醉酒駕駛及襲警而被拘捕，但卻以患有心理病為理由，多次免被法律制裁而引起公憤。結果問題更燒到司法獨立的頭上，最後因多次違反感化令而被判入獄六個星期，才令事件落幕。然而，香港引以為傲的法治精神，卻引起人們的關注。

有關事件，令人對法治的兩個主要概念存在疑問，即"司法獨立"及"法律面前人人平等"。

"司法獨立"是指法庭應獨立而專業地按法律對案件作出公正的判決，不受其他社會力量甚至行政當局的影響。在過去一些重大事件中，即使面對社會上的有力機構，或社會主流意見，香港法院都能獨立地作出判決。最明顯的例子是 1999 年 1 月 29 日，終審法院就居留權案件作出判決，凡是香港永久性居民的子女，也享有香港永久性居民的身分。當時社會一片民粹的思潮，認為此舉將會攤薄香港的經濟成果，減少各人所得的福利；而在政府的立場上，亦認為應加以限制，以防福利制度崩潰。但是，終審法院最後仍以法律條文作基礎，獨立地判處爭取居留權人士勝訴。當然，最後政府提請人大常委會釋法，推翻終審法院的決定是後話，跟香港法院的獨立性無關，而是一個高度自治的問題。

至於"在法律面前人人平等"，乃是說司法機關在進行判決時應不受控辯雙方的背景影響，而作出公正的判決。終審法院即將遷入的前立法會大樓屋頂上的正義女神，蒙着雙眼，手持天秤，正是這個意思。事實上，過去一些涉及權貴的案件，例如"領匯上市事件"，也顯示出香港的法庭實在沒有偏幫政府。當然，或許有人質疑有錢人可以聘用資深的律師團隊，勝算自然高一些。但是，這並非法庭的問題，我們亦沒有理由要求法庭在判案時要偏袒窮人。反而，在法律援助方面可有所改善，使窮人也可以聘用出色的律師。

不少大學所做的民意調查均反映出，司法制度的公信力在市民心中冠絕所有公共機構，香港人十分重視司法的獨立性及權威，這在首任終審法院首席法官李國能提早退休引起為社會廣泛討論，擔心其繼任人的獨立性一事上可以看到。所以，香港司法制度得到港人的支持，而絕不孤立。

045 終審法院

相信每位經歷殖民時期統治的香港人對英國**樞密院**都不會陌生，不單在電視新聞中經常被提及，有時候小朋友"鬥嘴"亦會威脅對方會告到樞密院去。但是，這些兒時的戲言，對今天的 90 後青年已成絕響，甚至聞所未聞，因為自回歸後，香港成立了終審法院，取代了原來英國樞密院的角色。

終審法院在 1997 年 7 月 1 日香港回歸之時正式成立，在香港推行的"**三審終審制**"中，肩負起重大案件的最後上訴及審判責任。終審法院主要處理由高等法院原訟庭及上訴法庭所提交之上訴案件。終審法院的聆訊由首席大法官，加上四名常任及非常任法官所組成，就案件進行最終的判決。

樞密院：樞密院全名應為樞密院司法委員會（Judicial Committee of the Privy Council）是英國其中一所最高法院。樞密院司法委員會設於英國上議院之下，12 名成員由首相提名，英女皇委任，全為法律方面的專家。

三審終審制：香港司法制度實行"三審終審制"，即同一事件可以經三個層級的法庭審理，控辯雙方或與訟雙方可以合共提出兩次上訴。這與中國內地的"二審終審制"有所不同，內地只可以提出一次上訴。

香港終審法院之成立

事實上，早在港英管治的年代，香港的法律及司法界已提出儘早在香港設立終審法院，以便累積更多案例及樹立法院的權威，方便日後的審判工作。但是礙於後過渡期間的中英爭拗，有關談判一直未能達成協議，以至回歸後，終審法院正式成立時問題才逐步浮現。

香港終審法院在回歸後才成立，其權威及經驗自然難與有數百年歷史的英國樞密院相提並論，而更重要的是回歸後的主權國不是實施普通法制度，在一國兩制下，香港與內地的制度如何協調，便成為香港終審法院的最大挑戰，亦是所謂"水土不服"的根源。

制度被質疑

一個源自英國的司法制度，放在社會主義的中國，即時引起了對所謂司法獨立的質疑。英國的樞密院雖然設於上議院之下，法官由英皇所任命，但在英國民主制度的監督下，加上司法獨立的悠久傳統，政府官員都不敢干預司法當局對法律的解釋及判決。可是，在香港這個半民主的地方，民意未能限制行政當局的權力，而《基本法》第一百五十八條又把《基本法》的最終解釋權交予全國人大常委會，令一些涉及中港兩地的事務，香港終審法院根本沒有最後解釋及判決權，即使已做了判決，亦可以被人大常委會以釋法推翻，最經典的例子正是1999年有關香港永久居留權的爭議。香港終審法院在同年1月29日裁定爭取居留權人士勝訴，但特區政府卻提請人大常委會釋法，推翻決定。事件不單令人懷疑《基本法》承諾的終審權是否真的兌現，更重要的是開了行政當局為了本身的利益考慮，而犧牲了司法獨立的案例。

046 首席大法官及其他終審法院法官

　　香港市民經常有一種錯覺認為法官的工作十分簡單，只在控辯雙方結案陳辭後，引導陪審團或自己作個判決便完事。特別是終審法院的法官，更加因為案件不多而被投閒置散。但是，事實是否如此呢？假如他們真的"白支人工"，公帑豈非亂花，那麼審計署為何不作出調查呢？

　　事實上，法官的工作雖然看似簡單，但需要負上重大責任，是香港司法權威的象徵亦是執行及捍衞者，越高級的法官，在判決時越需務必謹慎，因為有關判決將會成為案例。在行使普通法制度的香港，等同立法工作，因為日後的同類案件會參考這些判決，所以需要花大量時間研究案情及撰寫判辭。終審法院的法官除根據香港法例第 484 章《香港終審法院條例》及其他法例所賦予的權力，處理針對高等法院（上訴法庭及原訟法庭）的民事及刑事判決而作出的上訴及有關事項外，有時候亦要出席一些司法的儀式等。而為了建立法官的良好及權威形象，各級法院法官需要遵守行為指引，除了要大公無私、言行得當外，甚至應否光顧酒吧及卡拉 OK 亦有所規限，[12] 可見一位公正嚴明的法官確實不易為。

首席大法官

　　終審法院是香港司法機關中最高級的法院，而當中的法官當然亦是香港最高級的法官，由首席大法官領導香港的司法機關。終審法院現設有一名首席大法官、三名常任法官，

12　資料來自香港司法機構網頁 http://www.judiciary.gov.hk/en/index/index.htm

法官任命制度：法官的任命需要經過司法人員推薦委員會的提名，視乎職位的高低，由行政長官直接任命，或須經立法會同意才作出任命。但是香港的終審法院法官任命一般傾向非政治性，不會要求被提名人到立法會接受質詢、聆訊，以保持法官的中立性。

以及可視乎案件的需要在非常任法官名單中委任法官參與審判。這些非常任法官多為已退休的資深法官或在海外對專門案件有經驗的法官。行政長官在委任終審法院的首席法官及常任法官前，須徵得立法會的同意及交予人大常委會備案，所以程序十分嚴謹（見**法官任命制度**）。

自回歸以後，終審法院只出現過兩位首席大法官，即現時的馬道立及其前任法官李國能。兩人雖然同為法律界的翹楚，但背景卻十分不同，李國能在出任終審法院首席大法官前並不是在司法部門任職，而是一位資深大律師；相反，馬道立則一直在司法機關任職。

047 勞資審裁處

　　法治的首要原則是法律面前人人平等，不論是有錢、有權，還是有勢的人，亦應與窮人、庶民無異，一旦犯罪，也該受到法律的制裁。但亦有些人認為，這只是社會統治階層用以哄騙升斗小民的說法，法律面前根本不是人人平等，他們更可以舉出林林總總的個案，證明這是空話，例如某某富豪的子侄，聘用了某大狀，而在銳利的辭鋒下，順利脫罪。

　　也許，世界上並沒有絕對的平等，然而法律制度的出現，卻可以把不同背景的人之間的差距拉近，盡可能地達至平等。事實上，平等可以分為不同的層次，最簡單的是"表面的平等"及"實質的平等"。

不同的平等層次

　　"表面的平等"乃要求對不同人都給予同樣的對待，正如看連續劇常看到的對白："天子犯法與庶民同罪"，執法部門不會因為某人的特殊身分而有所偏頗。不過，這種表面的平等卻未必足夠，例如一名小業主要與城中的首富打一場業權官司，雖然在法律制度上顯得十分公平，容許與訟雙方聘用律師就事實及法律問題進行辯論。但是，律師的經驗與能力卻有參差，富可敵國的大機構打官司時可以一擲千金，聘請全城首屈一指的金牌大狀為代表；相反，一個小業主能聘請怎樣的律師？

　　假如法律制度不能正視財力懸殊的問題，結果並不是反映誰更有理據，這樣還算是平等嗎？

　　所以，法律面前人人平等，應是一種"實質的平等"，需要在制度上儘量縮窄雙方的差距，令財富的不平等，不會影響到司法正義的不平等。但香港政府如何達至這目標呢？人所共知，法律援助可為通過審查的平民百姓，提供免費或部分收費的法律服務，令負擔不起律師費的小市民亦可以在較平等的情況下尋求正義。當然，亦有人會指出，所謂"平嘢冇好嘢"，法律援助的律師團隊質素未必及得上由富商一擲千金所聘請的城中知名法律界人士。所謂平等，也只是"盡力"做到平等，而非"絕對的"平等。

勞資審裁處：在 1973 年成立，負責審理勞資雙方的僱傭糾紛，根據司法機關的網頁，其所處理的勞資糾紛包括："欠薪，僱主終止合約時沒有給予規定通知而應支付的代通知金，法定假期薪酬、年假薪酬或休息日薪酬，遣散費、長期服務金或終止僱傭金、年終酬金、雙糧或年終花紅，佣金，建築及建造業僱員向總承判商及前判次承判商追討不超過兩個月的工資，僱員辭職或終止僱傭合約時應支付的代通知金。"[13]

其實，要達至實質的平等，還有另一個方法，就是限制資源。例如香港的**勞資審裁處**限制勞資雙方不能派律師出庭，以防僱主利用本身財力聘用律師欺壓討回公道的員工，在彼此沒有法律專業知識下，更能平等地就事實作出討論，由裁判官做裁決。當然，我們仍然可以質疑資方可以派一些沒有律師資格，卻受過法律專業訓練的行政人員代為出庭，那麼，資方還是有優勢的。但是，正如剛才提到，我們難以要求絕對的平等，只能儘量減少人與人之間的差距。

---

13 資料來自香港司法機構網頁 http://www.judiciary.gov.hk/en/index/index.htm

048 小額錢債審裁處

相信不少香港的 70 後市民都曾經聽聞或觀賞過一部 1992 年的內地電影《秋菊打官司》，由內地著名導演張藝謀執導、鞏俐領銜主演。故事講述西北山區的農婦秋菊，不滿村長打傷丈夫後，只不情願地拋下 200 元了事，於是長途跋涉走到城中上訪，又希望到法院討個公道。由於身懷六甲，旅途艱辛，差點流產，幸好最後還是母子平安。

在香港要從司法途徑討回一個公道，相信不用像秋菊般千辛萬苦，但錢包的"創傷"可能亦不少，不是非富則貴也不敢冒然興訟。所以若為了一千、數百而打官司，可能賠了夫人又折兵，變相打擊市民尋求公義。為了減輕市民的申訴成本，政府遂設立小額錢債審裁處，專門處理涉及金額不多的糾紛。

小額錢債審裁處以快速、非正式、且花費不多的形式去處理案件，但只限於不超過 5 萬元的申索。小額錢債審裁處雖屬法庭，卻毋須像其他法庭一樣，嚴格依循證據法規，當事人一般不可由律師代表，必須親自出席聆訊。小額錢債審裁處所處理的申索，包括債務、服務費、財物損毀、已售貨物及由消費者提出的各種申索等。而其他法院可處理的糾紛，例如勞資審裁處的工資糾紛則不在其審理的範圍內。[14]

14　資料來自香港司法機構網頁 http://www.judiciary.gov.hk/en/index/index.htm

調解制度：調解是一種自願參與的程序，由一名公正和受過訓練的第三者，即調解員，協助雙方達成協議，以保障各自的利益。在調解過程中，各方可申述本身的論點，和聆聽對方的說法。調解員的任務是協調整理各方理據，尋求可行的解決方案。調解員不裁決是非對錯，亦無權強行雙方和解；最後決定仍是由爭議的雙方來作出。[15]

由於法庭只收取文件等費用，又不用聘請律師代表，減少了興訟的最大開支，所以即使是一介草民，亦可以向大財團、大老闆討個公道。此舉令小市民與大財團之間在取得司法公義的機會收窄，變得更為平等，是現代公平司法制度不可或缺的一部分。

當然，除了小額錢債審裁處外，還有其他方法協助市民尋求司法公義，例如法律援助署會資助市民的訴訟費用，又或是**調解制度**，幫助訴訟雙方解決問題而免卻繁複的司法程序，可省卻更多金錢。

---

15 資料來自香港社區法網 http://www.hkclic.org/ch/index.shtml

049 陪審員制度

在香港作為一位僱員要合理、合法地放假，除了有薪年假及病假外，另有一個可能：就是負起公民的責任，出任陪審員。有讀者或許會問，要動用到陪審團的案件，皆在**高等法院**聆訊，必定是大案，少則牽涉三、兩日，大者可能花上整個月。那麼，豈不是人人爭先恐後，要當陪審員？然而事實卻不是如我們所想像的。不少市民收到司法機構的通知書第一件事不是高興，而是感到頭痛。

根據香港特區司法機構的網頁資料："陪審團制度是香港法律體制中最重要的特點之一，被告人會在法庭內由社會人士來審判。陪審員由香港居民出任，他們宣誓後可參與刑事案件及某些民事案件的聆訊，並就案件作出裁決。由於陪審員並非法律專才，所以主審法官會就法律論點向陪審團作清晰的指引。審理刑事案件時，首席陪審員會在所有其他陪審團成員及被告人面前，公開地在庭上告知主審法官陪審團是裁定被告人有罪或無罪。最嚴重的刑事案件，例如：謀殺、誤殺、強姦、持械行劫、某些涉及毒品和商業詐騙的案件，均由一位原訟法庭法官及七名陪審員聆訊。然而，法官也可下令將陪審人數增至九名。某些民事案件，例如涉及誹謗或惡意檢控等訴訟，案中任何一方均可選擇把有爭議的事實交由陪審團認定。在死因裁判法庭進行的某些死因研訊也需要選任陪審團出席，但陪審團只

> **高等法院**：高等法院分為原訟法庭及上訴法庭。原訟法庭對民事和刑事案件均有無限的司法管轄權。該法庭亦處理來自各級法院的上訴，包括裁判法院、小額錢債審裁處、淫褻物品審裁處、勞資審裁處及小額薪酬索償仲裁處。上訴法庭負責處理來自原訟法庭和區域法院民事、刑事案件的上訴，同時亦處理土地審裁處、各審裁處及其他法定組織的上訴。[16]

須有五名成員。"

　　出任陪審員是每一位合乎資格的香港市民應盡的責任。根據法例："任何具備下列條件的香港居民，均有資格出任陪審員："年滿 21 歲但未滿 65 歲；精神健全而並無任何使其不能出任陪審員的情況如聽覺或視覺的損傷等；品格良好，及熟悉聆訊時所採用的語言——中文或英文。人事登記處處長會把合資格市民的名字納入陪審員名單內，並由高等法院司法常務官發出通知，通知市民將會把該市民列入陪審員名單內。高等法院司法常務官每星期以隨機抽選的方式，從陪審員名單內抽出若干數目的陪審員。一般會發出最少 21 天通知，並請要求在指定日期前往高等法院或死因裁判法庭。曾接受傳召而出席的陪審員，一般在兩年內不會再被傳召。"

　　一般香港人工作繁忙，尤其是對中高層人員來說，出任陪審團可能是一種負擔，沒有了時間，但工作還是堆積如山依舊要處理，由於擔心變成"打兩份工"，故此有人當被選中時，不免以各種理由要求法官豁免，例如自己英文水平不夠，擔心影響判斷的公正性等。連司法機關的電視廣告宣傳片也力勸香港市民，雖然出任陪審員有時會帶來不便，但香港作為一個法治社會，擁有高透明度的法律制度，陪審團所扮演的角色非常重要，因此出任陪審員也是一種榮幸。重點反而是僱主需要配合，讓當陪審員的僱員可以減輕一點工作，使他們可免後顧之憂，而全情投入審理案件。

16　資料來自香港司法機構網頁 http://www.judiciary.gov.hk/en/index/index.htm

050 民事與刑事

　　香港近年發生多宗家族爭產事件，吸引市民的關注，有
市民更把新聞報導當作連載小說般天天追看。電視台為了順
應觀眾口味，更以爭產作為連續劇主題。一時間，不論男女
老幼，都全情投入在爭產熱潮之中。但是，市民有否想過如
此費神地為八卦新聞展現自己的正義感是有點浪費？何不順
道利用這次機會，增進法律知識，不是更有意義嗎？

　　爭產事件，是由一方透過法院向另一方取回自己應得的
財產，是一宗典型不過的民事訴訟案件，亦不牽涉政府的執
法部門。就以華懋慈善基金與風水師陳振聰的爭產訴訟為
例，提出訴訟的一方(即陳氏)要做的就是證明"女主角"華
懋集團前主席龔如心(龔氏)是自願把千億地產王國交給他。
因此，其不止要證明手持的遺囑是真實及最後
的，更為了增加其可信性，不斷披露與龔氏的
親密關係，以表示對方是心甘情願地把資產移
交給他，符合產權轉移的正義原則。此案只涉
及雙方的利益分配，所以一直是民事性質。

　　然而事情峰迴路轉，法庭並不信納陳氏手
持的遺囑，並懷疑"有人"偽造文件，企圖侵
吞遺產；並在該民事訴訟的過程中，又揭發出
陳氏收受風水顧問費卻未有申報，有逃稅之
嫌。由於偽造文件及逃稅都觸及刑事法例，政

> **民事與刑事**：刑事訴訟
> 是指以政府為名，向觸
> 犯刑事法的人士提出訴
> 訟，當中不一定有明確
> 的受害人舉報，目的
> 旨在維持社會秩序、公
> 義，遏止罪案及懲罰罪
> 犯，例如沒有向警方申
> 請便舉行 30 人或以上
> 的遊行。而民事方面則
> 是為了保障權利、財產
> 追收及強制履行義務，
> 例如債主向借款人追討
> 欠債，這只涉及私人事
> 務，而不影響公眾。

府有責任代表公眾起訴犯法人士，以維持社會的秩序及公義。

　　風水師陳氏這次可謂賠了夫人又折兵，既不能從民事訴訟中得到鉅額遺產，又可能因為觸犯刑事法例而成為階下囚。當然，最慘痛還是捅出自己的醜行，讓公眾審判、嘲笑奚落。所以凡事也要想清想楚，否則只會悔不當初。

05 司法覆核

一位東涌居民透過**司法覆核**，質疑政府在港珠澳大橋中的環境評估報告有漏洞，獲高等法院判決勝訴，成功叫停大橋的工程，引起政府高度關注並表示延遲興建將引致鉅大的金錢損失。但是，支持覆核的人士強調，這是彰顯法治精神的案例，利用司法公義限制政府濫權及違法。兩派人士各執一詞，在早前形成一個社會爭拗熱話。

> **司法覆核**：司法覆核是高等法院對行政機關及下級法院的行為行使監管權的程序，行政機構包括政府部門及一些法定公共機構。法院主要就涉及公眾利益的決策過程有否出錯作出覆核，而不是決定有關政策內容的對與錯。

然而，市民利用司法覆核阻止政府不得民心的政策，港珠澳大橋事件已非首次。最為人熟知的事例是，2004年底一位公屋居民盧少蘭反對房屋委員會把公共屋邨的出租商業收益化身"領匯"上市，賤賣資產收益，因而入稟法院要求司法覆核房委會的決定是否違反《基本法》有關人權的規定。然而，在原審敗訴、再上訴的情況下，依然是失敗告終，只能延遲而未能阻止領匯上市。但是，事件的確引起社會的迴響，令政府對本身的政策及行為更加提高警惕，而更重要的是喚起市民對政府濫權的關注，及後一連串的司法覆核個案與此不無關係。

司法覆核個案上升原因

事實上，近年就政府的政策及行為是否違反法律或《基本法》的司法覆核個案，可謂有增無減，亦引起政府的關注。這情況甚至引來中央政府的關注，主管香港事務的最高決策者——國家副主席習近平訪港時甚至提出"三權合作論"，要求司法機關配合行政機關的施政。

其實，這種以司法覆核限制，甚至阻止政府行為的做法乃世界大趨勢，不只是香港所獨有，是普通法國家司法制度的基礎。而香港近年的司法覆核數字似乎特別多，其實與香港現時的政治架構不無關係。試問一個非民選產生的政府，制訂了一些不得大部分民心支持的政策，而民意機關又不是全數由港人直接選出，難以代表市民阻止這些政策推行。於是，市民唯有上街抗議，不然，就是採取法律行動，以引起社會關注，若能成功的話，更可切實地限制政府權力。

當然，正如兩任的終審法院首席大法官都指出，法院不想介入政治；然而，在現有制度下，司法覆核仍是市民最有力的武器。政府面對這問題，唯一解決方法是儘早改革選舉制度，選出代表民意的政府。當民意可以透過選舉制度使政府制訂符合民意的政策，便不用在政策通過後，找出其法律漏洞，以司法覆核來推翻，把司法制度變為政治武器。

司法覆核的申請程序

分兩個階段

第一階段：申請人首先要獲得高等法院原訟法庭批准提出司法覆核申請。

第二階段：待批准申請後，才可提出司法覆核的實質申請。

052 人大釋法

2011 年 6 月 8 日，香港終審法院的五位法官以 3：2 的多數票，決定一宗美國基金公司向剛果民主共和國政府追討約八億港元的案件，提請人大常委會就事件是否涉及國家行為（外交是一種國家行為，根據《基本法》指出，是中央政府的權力範圍），及剛果政府旗下公司是否擁有絕對外交豁免權進行**釋法**（見**立法解釋權**）。若人大常委會接納有關申請，就是回歸以後人大常委會對香港事務作出的第四次釋法，

> **立法解釋權：**立法解釋權是指立法機構可就本身通過的法律在執行時進行補充的解釋，與香港過去只有司法訴訟解釋法律條文的做法有所不同，令人感覺立法機關是針對特殊情況對原有法例進行修改，以配合某些方面的執法及利益，有干預司法之嫌。

也是唯一一次由香港的終審法院主動提出的。縱使有法律界人士指有關釋法並沒有必要性，這樣會令香港司法的獨立性受損，但是綜觀各方面的反應，皆沒有過往三次那麼激烈。究其原因，與這次釋法乃符合《基本法》一百五十八條所訂明的程序，可謂有根有據。

根據《基本法》人大常委會對該法擁有最終的解釋權，但在 1999 年第一次釋法前，一般理解這種解釋權在運用時必須符合《基本法》一百五十八條所列明的數個條件，包括：

1. 案件必須是在法院審理之中；

2. 需解釋的條文必須是《基本法》有關中央政府管理的事務或中央與特區關係的條款；及

3. 解釋會影響最終的判決及最後是由法院主動提出。

三次人大釋法

然而，在過去三次人大釋法中，引起社會強烈的爭議及迴

響，究其原因，乃因釋法本身無視《基本法》一百五十八條的有關規定。其中衝擊最大的是 1999 年的第一次釋法，這不單是回歸後的首次釋法，更重要的是其結果推翻了終審法院的最後判決，令司法的獨立及威信均受到打擊。1999 年 1 月 29 日，終審法院裁定爭取居留權人士毋須等待內地政府批出單程證，只要符合《基本法》二十四條的規定便可得到香港永久居留權。但是特區政府以各種經濟及社會考慮為由，在同年 6 月 26 日提請人大常委會釋法，最終推翻了判決。是次釋法被指有違《基本法》一百五十八條的規定，因為釋法是在法院有了最終判決時提出的，而且是由行政機構直接向中央政府提請。令人擔心行政已凌駕司法之上，所謂法律面前人人平等的精神受到前所未有的挑戰。

第二次釋法則在 2004 年 4 月中央政府為了遏止香港社會內部爭取全面普選的聲音，決定主動對《基本法》附件一及二有關改革特首及立法會選舉制度的條文進行釋法，其效果是令中央及特區政府可取回在選舉改革中的主導權。是次釋法完全違反《基本法》一百五十八條的所有要求，既不是一個法庭案件，亦不涉及中央事務，更不是由法院提出。因此，引起社會極大反響，同年 7 月 1 日再次有超過 50 萬人上街，爭取民主。

第三次釋法則是有關補選特首的任期問題，有法律界人士認為補選的特首就是新一屆特首，任期應為五年，而中央政府及一些親建制人士則認為應只完成餘下的任期，結果還是由中央主動釋法，認為補選的特首只做退任特首的餘下任期。有關釋法程序，亦違反原有的規定。

香港社會對人大常委會釋法的反應如此大，原因是香港的法治經過 160 多年的建立，得來不易，大部分香港人均十分珍惜，若一再被衝擊，香港賴以成功的基礎及獨特性便會蕩然無存。

053 律師制度

香港律師會：在 1907 年註冊成立，其功能主要是規管香港約 6800 名的執業律師，同時亦為他們爭取權益及提供服務。[17]

香港大律師公會：成立於 1949 年，成員約有 1100 人，其功能亦主要是規管成員的專業操守，以達到更高的專業水平。[18]

　　相信不少人在小時候寫作 "我的志願" 時，都想過當律師，而亦相信有不少想當律師的小朋友都曾被大人問過，為何不當大律師？大律師相比律師不是更有地位，更威風嗎？小朋友固然難以分得清，但不少成年人也有同樣的錯覺，而事實上，律師和大律師之間，不過是工作範圍有所不同而已。（見：**香港律師會**及**香港大律師公會**）

　　形成這種錯覺的一個最重要原因，在於名稱上的差別。律師原稱 "事務律師"，而大律師則是 "訟務律師"，也俗稱為 "大狀"，故傳統上習慣把他們稱為律師及大律師，一個 "大" 字之分，便形成了根深柢固的錯覺。近年傳媒已儘量用回他們原本的名稱，但是市民的習慣還是難以一時間扭轉過來。

誤會產生之成因

　　而除了名稱之外，兩者不同的工作範圍亦容易使人產生錯覺。律師在法院的發言權是受到限制的，律師只可在高等法院以下的法庭審訊中發言，而大律師則可在所有法院發言，但近年有關規定已逐步取消。[19] 既然可以在最高級的法院發言，大律師予人的印象自然高高在上。另一方面，一般律師多數以處理

17　資料來自香港律師會網頁 http://www.hklawsoc.org.hk/pub_c/default.asp?

18　資料來自香港大律師公會網頁 http://www.hkba.org/

19　資料來自香港社區法網 http://www.hkclic.org/ch/index.shtml

法律文件為主，例如草擬合約、地契等，與一般市民的接觸較多，自然少了一分尊貴及神秘感；相反，大律師多只在莊嚴的法庭上出現，而且負責盤問，工作需要的知識及技能，似乎非一般人能做到。再加上電視連續劇的吹捧，更令一般公眾感到大律師比律師高級。其實，說穿了亦不過是工作範圍有別而已。

此外，令人產生錯覺的是兩者的收入差距。一般人印象中大律師每次出庭的報酬均十分可觀，不是非富則貴也不敢聘用大狀。相反，找一位事務律師草擬一份文件，費用不過一千幾百。而事實上，每個行業皆有高收入者，亦有捉襟見肘之輩。我們看到的或是傳媒報導的，都是一些行內翹楚，打一場官司可能收取百萬或千萬酬金，但其實大律師中口碑不好，生意不佳的亦大有人在。反之，一些跨國律師行的合夥人，其負責公司上市的法律顧問工作，所賺取的金錢動輒數百及過千萬，收入隨時比大律師更多。

不過，一個不爭的事實是律師的人數遠比大律師多，所謂物以罕為貴，也是造成大律師看去較律師尊貴的原因。

地方行政

香港的地方行政早在1883年展開，市政局的前身潔淨局已負責香港市區的環境衛生事務。而新界方面，在上世紀中則有新界理民府負責與新界的鄉紳溝通，處理地方上的事務。這種地方行政的架構直到上世紀60年代開始發生變化，當中比較突出的有三個改革。

首先，在1966年及1967年的兩次暴動後，港英政府調整了對香港的管治策略，由過去高壓的手段，轉變為懷柔政策，為了加強與市民溝通，在各區成立民政處，了解市民的需要並協助他們反映不滿，務求在問題未鬧大前，予以解決。

第二個地方行政的重要改革在80年代初，政府在全港18區成立區議會，希望透過民選的區議員，反映地區問題，由地區的民政專員協調各部門將問題解決。區議會亦同時發揮培訓人才的功能，不少現任的立法會議員當年都是從參選區議會而步入政界。

最近的一次地方行政改革在踏入本世紀開始，2000年1月1日政府決定取消兩個市政局，而把部分權力交予區議會，例如一些地區上的衛生及小型建設等。但是，總體上在取消兩個市政局後，主要的權力都是交還給政府的行政部門，區議會所得到的權力實在有限。反而，在2010年通過的政制改革方案，增加了五個區議會的立法會功能組別議席，並把候選人提名權及參選權限制在民選的區議員之內，令區議員在政治上的影響力增加不少。

054 區議會

2011 年 4 月 18 日，前沙田區議員西醫李耀輝因在 2009 年大圍區議會補選中賄賂選民，被重判入獄 21 個月，從此政治生涯劃上句號。案情指他成立街坊福利會，提供 12 次晚宴，共 600 圍酒席，還有本地遊及各項醫療優惠，企圖以此利誘選民在補選中投他一票。

李耀輝固然罪有應得，但其實現時不少區議員或擬參選區議會的人，也被懷疑在法律的灰色地帶中或多或少提供利益給選民，由於他們不在選舉期間明目張膽地做，故不會觸犯選舉舞弊的法例。但是，人人鑽法律空子，視法律及選舉操守如無物，將會嚴重危害香港的選舉及政治文化，我們絕對不想台灣 90 年代的**黑金政治**在香港出現，所以每位市民必須由自己做起，向這些擬似賄選的行為說不！

> **黑金政治：**台灣在 90 年代初出現黑金政治，一些黑社會人士企圖透過參選來 "漂白" 自己的身分，同時可以鞏固自己在地區的影響力，方便他們得到地方上的建設工程，從而謀取利益。而為了當選，一般會以金錢利誘選民，形成賄選。而政黨方面為了得到這些黑勢力的金錢及地方人脈，亦會樂於與他們合作。

區議員角色的變化

客觀審視區議員賄賂選民的原因，與其所提供的服務不無關係。今日的區議員更似政府地區服務的承包商，以往由政府提供的服務如通渠等，都由區議員一力承擔，其他文娛康樂活動更是不在話下。

但回想區議會成立初期，區議員最主要的功能是反映民意，讓當時未發展代議政制的殖民地政府可以聽取更多民間聲音。前港督麥理浩在 70 年代尾訪問北京，與國務院副總理鄧小平會面，商討香港的前途問題，英方收到中方必須收回香港的訊息，遂決定在香港推行**代議政制**，於是發表**地方行政**改革的白皮書，在 1982 年引入區議會選舉。當時的區議員多強調要反映民意，為民請命，而非飲飲食食為主。

當中最為人津津樂道的是已逝世的屯門區議員吳明欽，1985 年因為為民請命，得罪了惡勢力，而被三名狂徒以水喉鐵襲擊。此外，前任立法會議員李永達，亦曾在 1987 年英國外相賀維訪港期間在宴會中拉橫額，怒罵英國政府不給予港人居英權。

然而，以上事例都已成為明日黃花，從不同案例中所見，今日有些區議員相信搞宴會、旅遊才可"撈選票"。這種轉變其實早在 90 年代初已出現，一些居民團體預期直選議席將會擴大，不能再依靠政府的委任，但本身又缺乏民意基礎，於是想到本身的優勢就是財雄勢大，及有地區人脈，遂以此建立以提供利益為主的服務模式。

令人擔心的是若這種貪圖小利的政治文化延續下去，可能令香港走上台灣黑金政治的道路。試想，李耀輝用了 200 多萬賄選，而一個區議員四年的薪金連同實報實銷的津貼亦少於此數。為了填補鉅大的"選舉開支"，以權謀私的情況必會發生，最終成為一個惡性循環，政府不能不予正視。

代議政制：民主制度可以有不同的形式，可以是直接民主，由人民自己參與討論決定政策，但是，現今社會，一個國家動輒數百萬人，實在難以讓每名市民就每件事，有機會發表意見及決策，所以一般民主國家會採取代議政制，由人民選出代表協助制訂政策。

地方行政：自 1982 年始，政府實施地方行政計劃，在香港 18 個行政區設立一個區議會及一個地區管理委員會，目的是幫助政府協調在地區上所提供的服務及設施，好讓對地區的問題及需要作出回應，同時鼓勵市民多參與社區事務。

055　2000 年後的區議會

市政局：市政局前稱
潔淨局，於 1883 年設
立，於 1935 年改稱市
政局，負責港、九市區
的市政衛生及康體文化
工作。回歸前，共有
41 個議員，全部由選
舉產生。

區域市政局：於 1986
年成立，其職能與市政
局相約，但主要負責新
界區的工作。回歸前，
區域市政局有 39 名議
員，除三名鄉事代表
外，其餘均由選舉產
生。此外，兩局可以各
自選舉一人晉身立法會
成為功能組別代表。

　　政府在 2000 年 1 月 1 日取消兩個市政局
（即市政局及區域市政局），並把區議會的英
文名稱由原來的 District Board 改為 District
Council，認為 council 的名稱較尊貴，能配合
區議會升格後的權力。但是，至今仍有不少
市民稱呼區議會為 "DB"。假如名稱真的可以
反映一個機構在市民心中的地位，我們可以
此推斷，經過十年後區議會在市民心中的地
位，與十年前沒多大的分別。而客觀審視問
題的癥結所在，便不難看到區議會的權力及
在政府架構中的地位，在合併後並沒有實質
地提升。

殺局反對聲音

　　回歸後，市政局發生多宗事故，包括大球
場管理不善、議員間私下配售股份等問題，再加上禽流感事件
中隸屬於兩個市政局的市政總署及區域市政總署與政府部門的
配合出現問題，政府遂以此為理由取消兩個市政局，可把權力
收歸中央，日後若遇上禽流感等問題，亦可以統一處理，加快
應變。當時政府殺局，面對不少反對聲音，連親建制的政黨
亦因為利益受損，而強烈反對，例如一個親建制的市政局議
員，每月可得三、四萬工資，還可以利用議會資源，部署參選
立法會，但是現在卻一切落空。市民要問，政府為何要如此堅
決呢？

　　歸根究底，與兩個市政局的特殊性有關。市政局除了是香港歷史最悠久的民意機關外，其本身擁有兩大特色，第一是財政獨立，政府的財政預算每年會規定在差餉的某一個百分比交予兩個市政局自行決定如何運用；第二是兩個市政局有本身直屬的行政機關負責執行兩局的決定，即兩個市政總署。一個有財力又有執行能力的機構，加上以提及的一些事例，可以想像政府自然擔心其難以控制，假如在進一步民主化下，被反政府的政黨控制，可能對政府施政構成障礙，故希望除之而後快。此外，兩個市政局的議席往往是民主派用以安撫及培訓第二梯隊的地方，取消兩個市政局，這些政壇新人失去耐性，而與原有的立法會議員形成競選，產生分化作用，事實證明這種情況在取消兩個市政局後，的確出現在民主黨身上，一些前市政局議員如陳國樑及黃仲琪等相繼退黨。

　　最後，政府取消兩個市政局的確達成了一些有利政府的目的，但是原來承諾予以區議會的權力，卻沒有兌現。政府只是增加了區議會審批地區小型工程的權力及委任一些區議員進入原來設於市政局之下的委員會，例如酒牌局等。最明顯的利益，就是增加了區議會主席的酬金及設立區議會副主席一職，以安置原來兩個市政局中的親建制議員。由原來的 District Board 改為 District Council，所謂提升地位亦僅此而已，一般市民也當然沒有太大感覺。

056 區議會功能組別

曾蔭權在 2010 年初，提出了 2012 年行政長官及立法會的選舉改革方案，被坊間嘲弄為 "起錨 Show"。結果不但沒有得到羣眾的支持，更差點令方案繼 2005 年的政制改革方案後再被立法會否決。當然，一件貨品不受歡迎，也許和推銷者有關，但最重要的還是貨品本身的質素。

政府原建議新增的五個區議會功能組別議席，由區議員提名及投票產生，普通市民並沒有選舉這五個席位的權力，但由於此方案遭到反對，故最後由泛民主派部分政黨及學者組成的 "終極普選聯盟" 提出新方案，把五個區議會的功能組別改為由民選區議員提名、全港市民直選產生。結果獲得民主黨及民協等的支持，而在立法會得到通過。

由於提名權並不開放，無論是泛民中的激進派、民主黨或普選聯的學者都不認同這個改善建議符合民主原則。但若以其他角度分析，其實不能完全否定這方案的可取之處。

新方案是政府的陰霾？在新增的五區功能組別中的得勝者，其擁有全港性的民意基礎，這是過去所有民意代表或行政長官所欠缺的。而在這個情況下，就產生所謂 "葉利欽效應"（前蘇聯）或 "宋楚瑜效應"（台灣），那是説由於地方首長是由一人一票民選產生的，隨時比起國家元首的認受性更高，威脅到元首的權威，並顧忌地方首長會挾民意而挑戰中央。

有人可能會問：立法會議員也是由民選產生，而特首卻只由 1200 人選出，難道就不會產生 "葉利欽效應" 嗎？其中的關鍵是在於：立法會地方直選的議員只代表某一區，其即使是新界西票王，得到數十萬選票，亦不過是新界西的代表。但是，區議會新功能組別的代表卻是由全港選民所選出的。

遞補機制

在 2011 年鬧得滿城風雨的遞補機制，可能是這個制度下用來"補洞"的衍生產品。

由於一旦有區議會新功能組別的議員請辭或過身，而需要補選時，當選者便透過全民投票而選出，那就真的代表全港民意，所謂"葉利欽效應"便隨時出現，其時，只由 1,200 人選出的行政長官（在 <u>2010 政制改革方案</u>中由 800 人改為 1,200 人），恐怕會面對不少挑戰。

因此，政府便提出類似內地人大的候補制度，當現任的代表有任何"三長兩短"，由得票最多的落敗者補上，便不用再次補選，從而避過認受性危機。其實，歸根究底，政府毋須千方百計堵住這些所謂的"漏洞"，簡單地落實真正的普選，便沒有這些問題出現了。

2010 政制改革方案： 方案包括 2012 年立法會選舉及行政長官選舉。行政長官選舉委員會由 800 人增至 1200 人。四大界別以相同比例增加選舉委員會委員名額，即每個界別各增加 100 個議席。建議把選舉委員會第四界別（即政界）新增的 100 個議席的四分之三（即 75 席）分配予民選區議員，加上原來的 42 個議席，區議會將共有 117 個議席，由民選區議員互選產生，即委任區議員不可參與互選。

立法會議席數目由現時的 60 席增加至 70 席，分區直選及功能界別議席各增加至 35 席。把新增的五個功能界別議席，以及原來的一個區議會議席，全數由民選區議員互選產生，即委任區議員不可參與。六個區議會議席以"比例代表制"由民選區議員互選產生。此原方案經民主黨的修改建議後成為所謂"超級功能組別"，而獲得立法會通過。

057 民政事務處

現今香港市民若遇上任何社區問題、投訴及各種奇難雜症，通常有三種解決方法：

1. 去找有"街坊保長"之稱的區議員，要求他們在區議會反映，在必要時作出社會行動等。

2. 把冤屈拍成短片，放上網站分享，尋找共鳴，組織進一步的行動，也許會被傳媒相中，成為熱門話題被推上報。

3. 直接找傳媒投訴。

不過以上方法都是 80、90 年代後期才出現的，在此以前，若有社區申訴，首要想到的就是民政事務處(簡稱民政處)，又或其前身政務處。

民政處的成立

設立民政處其實與香港一段重要歷史有關，就是 1967 年的暴動。香港在 1966 年發生天星小輪加價五仙的暴動，接着在 1967 年又發生由新蒲崗人造塑膠花廠罷工而引發的左派暴動，左派人士上街示威、放炸彈，歷時 8 個月，導致數十人死，2 千多人受傷，港英政府須採取強硬手段鎮壓。在事件平息後，港英政府深明香港社會的內部矛盾已達臨界點，不能再以強硬手段管理，於是便想方設法改善與香港市民的關係。除了改善社會福利外，亦試圖與市民加強溝通，遂仿效**新界理民府**的制度，於 1968 年 5 月在市區設立民政處，即現時的民政事務處。向市民提供資源，並協助各社區解決地方問題及主動搜集居民的意見，向政府彙報。所以，民政事務處可以說是走在政治的最前線，在社會矛盾未形成前，已想辦法解決。

政務總署的成立

　　港英政府在 1982 年開始實施地方行政改革，在市區設立港九政務署，而新界則由各理民府逐漸合併為新界政務署，統合為政務總署，即回歸後的民政事務總署，各區的民政事務處則受其統轄，負責人是民政事務專員。其最主要的工作除了加強與市民溝通，推行一些緊急救濟服務外，最重要的是統籌地區上的各項政府服務，可以說是一個地區的區長或市長。不少政府的高官、政界的明日之星都曾被委派擔當民政事務專員，以考驗他們協調政策及處理社區矛盾的能力。例如特首曾蔭權在 80 年代初便曾出任沙田區的民政專員。

新界理民府：理民府是港英政府管理新界的部門。理民府職責範圍很廣泛，可謂無所不包，根據網上資料記載包括土地註冊及買賣登記、收地賠償、排解糾紛、審裁小額錢債案件、處理地政事宜、委任諮詢員、向上級反映新界人利益訴求以及代表鄉民向上級爭取利益、解釋政府施政計劃並爭取支持、統籌各政府部門在新界的工作、蒐集政治情報、控制僭建房屋、鼓勵及協助地方發展、協助發展教育、組織各救災工作、處理社會福利事宜、主持與駐港英軍的聯絡工作。[20]

　　民政事務處及民政事務專員的溝通市民角色在今天資訊科技發達，民主開放的社會，似乎已被傳媒及議員所取代，但是，其在支持區議會及協調政府社區服務的工作仍然是不可代替的。

20　資料來源 http://zh-yue.wikipedia.org/wiki/ 理民府

法定機構及諮詢組織

　　根據香港政府的資料，香港的諮詢及法定組織多達 600 個，政府透過委任一些社會人士進入這些組織，讓公眾有機會參與政府政策的制定及執行，目前受委任的人士約 5900 人，佔香港人口不到 1%。

　　諮詢及法定組織是指根據某法例成立的組織，這些組織的功能可以簡單分為三大類：

1. 按某些法例對政府部門，甚或是私人機構進行監管，例如本書提到的廉政公署、申訴專員公署、平等機會委員會、個人資料私穩專員公署、消費者委員會、香港金融管理局等。這些機構在上世紀 70 年代開始成立，主要是回應加強政府部門問責性的社會要求，同時保障市民在私人領域中的權利；

2. 純粹諮詢性質的組織。就政府某一方面的政策提供意見，例如勞工顧問委員會及最低工資委員會，會就政府的勞工政策及最低工資水平提供意見。此外，還有交通諮詢委員會，會就公共交通服務的加費申請向政府提供意見。由於這類諮詢組織的數目太多，不能在本書中一一盡錄；

3. 結合了諮詢及服務管理功能的組織。政府在不少政策範疇皆設有委員會負責管理相關的服務，同時就這項服務的發展向政府部門提供意見。例如書中提及的房屋委員會及醫院管理局便兼具了政策諮詢及服務管理的功能，房屋委員會會就政府的公營房屋政策提供意見，例如應否復建居屋等，同時亦負責興建公屋；醫管局亦會就其提供的公營醫療服務向政府反映意見，同時負責管理公營醫院的服務。

不過，隨着社會越來越開放，市民對政府問責性的要求日益高漲；市民認為參與政策制定不應再停留在諮詢的層次，而應該讓更多市民有機會參與決策；同時，亦開始質疑政府所委任的代表之獨立性，要求讓更多民意代表進入這些諮詢組織，令這個政府認為行之有效的諮詢制度面臨挑戰。

廉政公署

058

2010 年 6 月，督察兼海外警察協會主席韋理民（David Williams）離開警隊加入廉政公署（Independent Commission Against Corruption, ICAC），有指這讓警隊內部人心惶惶，怕韋會翻查警隊貪污舊賬。同年 11 月，警方商業罪案調查科以涉嫌妨礙司法公正為由，到廉政公署總部拘捕三名廉署調查主任，傳媒紛紛報導事件讓"警廉衝突"進一步升溫。

長久以來，涉及警隊和廉政公署關係的案件總特別容易觸動傳媒以至市民的神經，但想來，兩者既同為香港執法機關，矛盾從何而來？

原來，警廉間的"嫌隙"，早種在 1970 年代廉政公署成立之初。

香港自 1950 年代開始人口急速膨脹，社會的資源一時未能應付人口的增長，公共服務供不應求的環境助長了貪污的歪風——市民為爭取公共服務，不惜賄賂公務人員。

貪污的風氣蔓延至警隊，不少警務人員受賄包庇黃、賭、毒等罪行，警隊內的反貪污組形同虛設。貪風嚴重影響香港社會治安和民生，至 1970 年初，社會上的民怨已屆臨界點。1973 年總警司葛柏（Peter Godber）貪污案引發民眾示威，促使當時的港英政府成立一個能脫離警務處、完全獨立的反貪污組織。1974 年，香港廉政公署正式成立。

> **警廉衝突**：1977 年 10 月，廉政公署以受賄包庇白粉販賣集團的罪案為由，拘捕了 100 多名警務人員。事件引致警隊對廉署的積怨瞬間爆發，數千名警員集會示威，更有警員闖入廉政公署總部，與廉署職員互相毆鬥，情況一發不可收拾。最後，當時港督麥理浩宣佈特赦，對 1977 年 1 月 1 日前的罪行不予追究，警廉衝突才暫告一段落。

廉署獲三條法例賦予廣泛調查的權力，它們分別是《廉政公署條例》、《防止賄賂條例》及《選舉(舞弊及非法行為)條例》。自成立之始，該署便制訂了整體策略，透過三個部門打擊貪污：執行處接受貪污舉報，並調查懷疑貪污的罪行；防止貪污處審視政府部門及公共機構的工作常規和程序，堵截貪污的情況，此外亦為私營機構提供防貪顧問服務；社區關係處負責反貪教育工作，向市民宣傳反貪工作。

1974 年廉署成立後，立刻緝拿葛柏，並成功把他送到監牢，但同時，亦埋下了兩個機構相生相剋的命運。及後，廉署繼續以掃除警隊貪污惡習為首要任務，多次狙擊警隊，翻查舊賬，使雙方的矛盾日深，到了 1977 年發生"警廉衝突"，情況更為白熱化，對很多市民來說仍記憶猶新。

廉署的成立多少是港英政府順應當時民意民情而行，而且成立後能在短時間內解決當時社會上貪污的歪風，為市民解困，並為日後香港的繁榮和穩定奠下良好的基礎，廉署一直深受社會各界擁戴。成立廉署，也被公認是港英政府治港主要德政之一。要推香港政府第一品牌，廉政公署實至名歸。

申訴專員公署

2011 年 4 月，申訴專員黎年公佈最新的調查報告，指出屋宇署在處理違規僭建物時，對待新界丁屋與其他私人樓宇存在雙重標準，容忍已完成的新界丁屋僭建工程，專員要求嚴厲執法，一視同仁。事件不單引起新界原居民的強烈抗議，更揚言要以流血革命保衞家園；此外，更掀起一場政界僭建風暴。先有立法會議員被揭發家中有僭建物，繼而是問責高官，最後，火頭更燒到當時的特首曾蔭權的祖屋身上。到底申訴專員是何許人，竟敢敲特首的老虎頭？

申訴專員職權與事件

申訴專員的一大特色就是名字越改越短，但與此同時監管的範圍及權力則越來越大。申訴專員公署前稱行政事務申訴專員公署。在 1988 年立法局通過《行政事務申訴專員條例》，並在 1989 年正式運作。其直接由行政長官任命，並向行政長官負責，專責監察超過 80 個政府部門及公營機構的運作，處理及解決因行政失當而引起的問題。自 1994 年起，行政事務申訴專員公署，改名為申訴專員公署，同時，亦擁有主動調查的權力。[21]

21　資料來自香港申訴專員公署網頁 http://www.ombudsman.gov.hk/index.shtml

新機場事件：機場啟用初期出現混亂，客運大樓的電腦出現故障，以致航班資料無法顯示，行李輸送系統出現錯誤，客運大樓亦多次發生斷水斷電的情況；機場快線出現班次延誤及未能成功靠站；貨運服務更一度接近中斷，超級一號貨站的交收系統停頓，大量貨物積壓在貨站，政府及後需要重開原啟德機場的二號空運貨運站，有商人更將貨物調到鄰近機場交收。

事實上，申訴專員公署已非首次成為政治風暴的主角。1998 年新機場開幕發生大混亂（即新機場事件），成為國際笑柄，政府為了平息民憤，委任了胡國興法官及鄭維健博士成立委員會進行調查，但社會上普遍質疑其獨立性。因此，立法會及申訴專員都回應民意，分別對事件進行調查。事件引起政府的不滿，認為是"架牀疊屋"，調查似是針對當時負責新機場統籌的政務司司長陳方安生。但是，時任申訴專員的前立法局議員蘇國榮排除萬難，完成調查。結果，蘇國榮在 1999 年任期約滿不獲續約，有指便是與新機場的調查有關。

無獨有偶，自此以後，政府所委任的申訴專員皆來自退休的政務官，也許政府認為他們比較熟悉官場文化，亦願意與行政當局溝通。但是，始料不及的是，政務官出身的黎年竟然比蘇國榮更勇猛，不單觸碰存在已久的既得利益，更牽連當時的"老闆"曾蔭權。難道是"機關算盡太聰明，反算了卿卿性命"？

060 平等機會委員會

平等機會委員會現任主席林煥光，乃香港特區政府前任高官，官拜特首辦主任，2005 年 1 月辭職，輾轉於 2010 年接替任滿的鄧爾邦，出任此職。而鄧爾邦在未任平等機會委員會主席前曾出任私隱專員。鄧爾邦領導下的平等機會委員會曾被審計署質疑亂花公帑，到外地開會入住豪華套房。近兩任的平等機會委員會主席的操守似乎都不太符合香港一般市民的標準。這是否市民要求太高？但是作為監管人員，對他們要求高一些亦不無道理，否則這些機構的執法權威何在？

他們或者可以以所犯的錯誤與<u>平等機會</u>無關來開脫，但是發生在平等機會委員會第三任主席前高等法院法官的問題，就難以說得過去，亦令他要在上任不到半年後便黯然辭職。王見秋在 2003 年 8 月上任後，在沒有提供任何理由下，解僱了上任主席任命的候任行動總監余仲賢。此外，同年 10 月被揭發在任職法官期間其曾收受女兒富商朋友四張免費外遊機票，而未有向政府申報，有違公職人員操守，令人懷疑他的道德操守及能否公正執法。

> **平等機會：** 平等機會可以分為很多層次，現時的法例只能處理最表面的層次，例如不能拒絕少數族裔人士入學，但是若課程全不是用該種族所熟悉的語言教授，學生得學位而無所用，結果還是沒有平等機會。

事實上，平等機會委員會負責執行四條有關反歧視的法例，其工作包括調查及調解投訴個案，教育及推廣平等機會，若其公正性受質疑，既削弱其調查結果的權威性，其身不正亦難以樹立榜樣，以利推廣觀念。

平等機會委員會 "四條法律"

平等機會委員會現時負責執行四條法律,包括《性別歧視條例》、《殘疾歧視條例》、《家庭崗位歧視條例》及《種族歧視條例》。[22]

《性別歧視條例》在 1995 年通過。根據此條例,不論男女,基於性別、婚姻狀況及懷孕的歧視,以及性騷擾都屬違法,例如在聘用時列明不聘用已婚人士。

《殘疾歧視條例》是為保障殘疾人士避免因其殘疾而受到歧視、騷擾及中傷而制訂的。一些機構若發現僱員有病而解僱有關員工,便是其中一種觸犯法例的行為。

《家庭崗位歧視條例》於 1997 年通過。法例規定任何人或機構基於家庭崗位而歧視另一人,即屬違法。例如老闆認為一個夥計在工餘還要照顧五名年幼子女,預計他必定難以全神貫注於日間的工作,而辭退他,便是一種歧視。

《種族歧視條例》於 2008 年 7 月制訂,2009 年 7 月才實施,目的是要保障所有人士不會因為他們的種族而遭受歧視、騷擾和中傷。例如在街上指着一位印巴籍人士,並針對其種族說出一些侮辱性的說話便屬違法。

訂立各種反歧視的法例必然對某些人的自由造成限制,例如以上提到關於種族歧視的例子,部分人的言論自由可能被剝奪,但是在一個文明社會,我們也不應容許別人以言論冒犯其他人的民族及文化。

22　資料源自平等機會委員會的網頁
　　http://www.eoc.org.hk/eoc/GraphicsFolder/Complaint Conciliations.aspx

06 | 個人資料私隱專員公署

2010 年 7 月 30 日，是前任個人資料私隱專員吳斌離職前的第二個工作日，但是，估計他並沒有心情參與歡送會，因為等着他的是上任以來最重要的一份調查的發佈會——八達通出售客戶資料圖利的調查。由於事件涉及 240 萬名八達通的使用者，即香港三分一人口的私隱受到威脅（即**八達通事件**）。吳斌作為香港市民私隱權的首席保衛者，可謂責無旁貸；再者，吳斌退休在即，在任期間又被審計署報告指責工作不力，亂花公帑，按理他必須趁此機會洗刷私隱專員公署不太光彩的歷史。可惜，他的一番努力，似乎被政府的一個決定抹殺掉。

2010 年 8 月 1 日，新任的個人資料私隱專員蔣任宏上任，其曾在政府部門任職 30 多年，官至香港郵政署署長。然而，其委任的決定公佈時，便被傳媒翻出，其在 2004 年以郵政署長身分，將數百名求職者的個人資料交給兩間外判公司；此外，更嚴重的是在任內於長沙灣郵政局安裝針孔攝錄機，偷拍員工工作情況。試問一個專責保障市民個人私隱權的部門，怎能被一名私隱意識如此薄弱的人士所領導？而其執法的權威又何在？社會一時間對此議論紛紛，但卻沒法令政府重新審核此項任命。

八達通事件： 2010 年 6 月，有市民投訴八達通公司出售用戶的資料予信諾保險有限公司，以分析消費者的行為及作推銷之用。在八達通控股有限公司行政總裁陳碧鏵公開否認此事後，有傳媒公開資料指八達通把 240 萬"日日賞計劃"的會員資料出售予商業機構。個人資料私隱專員公署在 7 月 21 日決定聆訊並調查此事。陳在聆訊中承認由 2006~2010 年 6 月出售資料的收益達 4400 萬，隨後，有更多違反私隱的資料曝光。7 月 30 日個人資料私隱專員公署的中期報告公佈，八達通決定整頓公司管治及不與陳碧鏵續約，事件暫告一段落。

　　根據《個人資料(私隱)條例》，個人資料私隱專員公署負責接收市民的投訴，或主動調查涉嫌違反條例的個案。例如市民可要求某些機構如銀行等向其披露是否持有他的個人資料；並且可能要求複印一份副本或者更正部分資料，當中涉及的複印費用不得過高。市民亦可向個人資料私隱專員投訴涉嫌違反法例的情況，或透過民事訴訟，就私隱被侵犯而造成的損害向資料使用者要求補償。[23] 所以，根據法例，僱員可以查閱老闆對他的表現的評核報告，而學生亦可以翻查自己已被評改的考試卷，當中所涉及的費用亦不應過高。

　　在現今的社會，市民的私隱意識日漸提高，但矛盾的是各種侵犯私隱的行為卻層出不窮。要保護市民的私隱，極需要一個有公信力的執行機構，可惜，政府似乎未意識到這方面的重要性。

23　資料源自香港個人資料私隱專員公署的網頁 http://www.pcpd.org.hk/engindex.html

062 消費者委員會

閣下如果被問到每年的 3 月 15 日有何重要性？假如你是韓劇迷可能會答是韓國男明星李政宰的生日；若是歷史學家，則會答是凱撒大帝的死忌。但是，不可不知的是，3 月 15 日對現代人，特別是喜歡購物的市民大眾而言，是一個屬於他們的日子，就是**國際消費者權益日**。

隨着科技的革新，貨品及服務的種類繁多，加上個人無止境的慾望，消費行為佔去現代人生活的重要部分。由於市場交易日趨複雜，物品的資訊爆炸，消費者容易被奸商蒙騙，所以強調保障消費者權益的運動在上世紀 60 年代便應運而生。香港一向有購物天堂的美譽，當然要回應世界潮流，令市民及遊客消費得安心。因此，政府在 1974 年 4 月便成立了香港消費者委員會(簡稱消委會)。

> **國際消費者權益日：**
> 1983 年國際消費者聯盟組織正式決定每年 3 月 15 日為國際消費者權益日，以此紀念 1962 年 3 月 15 日美國總統約翰甘迺迪在美國國會發表《關於保護消費者利益的總統特別咨文》，當中提到消費者的四項權益，即消費者有權獲得安全保障、有權獲得正確資料、有權自由決定選擇，以及有權提出消費意見。[24]

消委會職能與用人

消費者委員會的工作，其實對市民來說毫不陌生，當中包括測試產品的安全程度及質素、處理消費者對店舖的投訴、為市民提供各種貨品及服務的資訊如價格及品質等，以及教育及宣傳消費者權益，令市民知道作為消費者的權利及投訴的途徑。為了加強宣傳效果，消費者委員會亦出版官方刊物《選

24　資料源自台灣省商業會的網頁 http://www.tcoc.com.tw/InDay/3/0315.htm

擇》，以月刊形式發行，向市民提供產品測試、服務調查的資源，亦同時發表研究報告。此外，消費者委員會在 1994 年 11 月更設立消費者訴訟基金，為消費者提供法律援助及經費，在涉及重大公眾利益和公義的事件上，協助其循法律途徑追討賠償。[25]

委員會由一位非全職的主席領導，下設總幹事主理日常事務。為了增加委員會的權威性及知名度，過去所委任的主席，不少乃是政界知名人士，例如周梁淑怡及李柱銘等。讀者或許會感到疑惑，李柱銘不是政府的頭號反對者麼？港英政府為何會委任他成為一個法定組織的主席呢？

這是因為港英政府用人並沒有所謂"親疏有別"，用人唯才，既然李柱銘是著名反對者，以爭取市民權益為己任，由他出任消費者委員會主席正好確立委員會保障權益的形象。此外，委員會的總幹事亦經常需要面向公眾，為市民所熟悉，漸漸亦建立起本身的公信力。因此，2000 年港大校董會委任一個小組調查港大高層涉嫌干預學術自由的事件，當時的消委會總幹事陳黃穗亦是小組成員。

現時物價飛漲，市場壟斷情況嚴重，加上"黑心產品"充斥市面，消委會的工作就顯得尤其重要，並非只是"格價"這般簡單了。

25　資料源自消費者委員會的網頁 http://www.consumer.org.hk/website/ws_chi/

063 選舉管理委員會及選舉事務處

香港市民爭取民主多年，希望有天能落實普選，但如果細節安排失當，隨時造成"名不符實"的效果，有普選也沒有民主。舉一個例來說，假設政府有意讓親建制人士在立法會港島區地區直選中多取一席，可直接安排鄉事勢力較大的長洲及南丫島等選區，從新界西劃歸港島區。

由此可見，**選區的劃界**十分重要，而負責此工作的機構則是選舉管理委員會。在自由民主國家，如法國，為了加強選舉機構的獨立性及權威性，一般會在憲法委員會或法官領導下工作，香港也不例外。1993 年前，港英政府成立選區分界及選舉事務委員會，及至回歸後易名為選舉管理委員會，主席一般由法官所擔任，而選舉事務處則是其執行部門。

選區的劃界：由於法例會更改及人口分佈會轉變，每次地方選舉前，選舉管理委員會都需要研究重劃選區，以確保每個選區的人口比較平均，不會出現一個選區 3 萬人選一個區議員，另一個選區 3 千人便可有一位代表的情況。就以 2011 年的區議會選舉為例，由於有 113 個選區人口超出 1 萬 7 千人的上限，故需要重劃選區。在立法會修改法例後，選舉管理委員會在 2010 年 12 月提出選區劃界的初步建議，諮詢公眾，再在 2011 年 3 月定案，距離選舉日只有 7 個多月。

工作與職能

選舉管理委員會最主要的工作，是就立法會及區議會的選區劃界提出建議，正如上文提到，在劃分選區時，若有心刻意安排，可有利於不同的政黨。因此，選區劃分必須公正、嚴謹，否則必定影響選舉結果的認受性。此外，委員會亦負責監督選民登記及選舉的運作，市民若發現任何違規行為時，均可向委員會舉報，而委員會亦會作出調查。例如說，某候選人在選舉期間表示已得到某團體的支持，但卻與事實不符，屬於發表失實聲明，市民可以舉報。而在一次大型的選舉中，有關舉報及投訴，往往多達數千宗。

現時選舉管理委員會負責的選舉包括行政長官選舉、行政長官選舉委員會界別分組選舉、立法會選舉、區議會選舉及村代表選舉。或許閣下會問，這五個選舉三數年才舉行一次，且集中在某兩年，那麼選舉管理委員會平日豈非投閒置散，白支公帑？事實上，選舉管理委員會及選舉事務處除組織選舉外，還要訂立選舉規則、負責劃界事項及提交報告等，而且選舉管理委員會及選舉事務處的編制人手並不多，約一百多人，在選舉前後負責選民登記工作的多數只是暑期工或臨時工，而選舉當日管理票站及點票的則為臨時借調的公務員。

總括而言，選舉管理委員會及選舉事務處的工作任重道遠，若安排不當，或不夠中立，即使全面普選，亦不能達到真正的民主。

香港金融管理局

1997 年 10 月，香港回歸後 3 個月，亞洲金融風暴爆發，泰國、南韓等地經濟陷於崩潰。香港人其時仍沉醉在地產及股市泡沫的風光之中，更借款予泰國渡過難關，沒想到在數個月後，以索羅斯為首的國際對沖基金會把香港定為頭號衝擊對象。1998 年 8 月，對沖基金公司大量拋售港元，及大量賣空港股期貨圖利。港府為了維持"聯繫匯率"及穩定股市，不斷在市場拋售美元儲備，及以千億元入市購買港股成份股，政府擁有的港股一度達總市值的 7%。最後，政府雖然"成功"擊退"金融大鱷"，但卻被傳媒指放棄自由市場原則。

何謂"自由市場"？

所謂"自由市場"，按一般右派經濟學者的定義，就是一個不受政府干預及調控的市場，政府的角色只是維護法律制度及保護私有產權。市場交易價格在不受外來力量干預下，由買賣雙方按供求情況決定，政府不應干預而扭曲市場訊息，與自由放任主義相似。而政府入市，明顯地就是干預了市場的自行運作。因此，有議論認為政府入市是宣告香港自由市場原則的死亡。

政府對金融市場的干預

事實上，政府對金融市場的干預或調控並不始於 1998 年。早在 1993 年成立香港金融管理局之時，政府便開宗明義以維持港元匯率穩定為主要職能，其中一項政策目標提到：在聯繫匯率制度的架構內，透過外匯基金的穩健管理、貨幣政

聯繫匯率的運作：香港聯繫匯率制度由 1983 年 10 月 17 日開始實施。在聯繫匯率制度下，港元以 7.80 港元兌 1 美元的匯率與美元掛鈎，並以三間發鈔銀行的套戥活動來維持市場匯率穩定。每當市場匯率有波動，偏離聯繫匯率，三間發鈔銀行可透過 7.8 港元兌 1 美元的聯繫匯率向金管局買入或賣出負債證明書來賺取差價。假設港元的市場匯率貶值至 7.9 港元兌 1 美元，發鈔銀行可以持負債證明書向金管局以 7.8 港元兌 1 美元的聯繫匯率換取美元，每換取 1 美元便可以得到 0.1 港元的利潤。而又假設港元的市場匯率升值至 7.6 港元兌 1 美元，發鈔銀行可以持美元向金管局以 7.8 港元兌 1 美元的聯繫匯率購入負債證明書發行港元，每兌換 1 美元便可從中獲利 0.2 港元。透過三間銀行的活動，港元價高時買入負債證明書，價低時賣出負債證明書，令資金、利率得到平衡，匯率便會穩定在約 1 美元對 7.8 的水平。[26]

策操作和其他適當措施，維持貨幣穩定。金管局在市場中的干預及調控角色可謂十分明顯，而實際上，香港自 1983 年 9 月實施聯繫匯率制度，一改 1974 年以來的浮動匯率制度，便已開啟了政府干預金融市場的先例。

其實，早在 1970 年代初，政府在港督麥理浩的領導下，推行擴張式的社會政策，以回應 1966 及 1967 年的兩次社會騷動，大量興建廉租屋及引入福利制度，所以自由放任的經濟政策早已是名存實亡，而不論是殖民地年代的市民，還是今日飽受貧富懸殊煎熬的特區居民，都十分認同這些政策，但有些自由市場的信徒，仍未能面對現實及人心的向背，強調香港存在並應延續自由市場的政策。

---

26 資料源自香港金融管理局的網頁 http://www.info.gov.hk/hkma/

065 強積金管理局

2011~2012 年度的財政預算案中，財政司司長建議向每個強積金戶口匯入 6,000 元港幣，卻惹來大眾不滿，最後決定修改為向所有 18 歲以上的香港永久性居民派發 6,000 元。然而民意仍然有所訴求，當中喊得最響亮的口號，就是設立全民退休保障制度，例如**全民養老金方案**。

強積金不是為退休後的生活而設立的保障嗎？為甚麼市民不要強積金而要求另一退休保障制度呢？

強制性公積金制度的出現

在 80 年代尾、90 年代初，早有團體提出設立中央公積金，由僱主、僱員及政府三方供款，以解決市民退休後的財政問題，但是遭到殖民地政府及商界的反對。及至 93、94 年時，當時的港督彭定康提出老人金制度，讓退休人士即使沒有供款，每月亦可得到基本的生活津貼。但計劃卻被當時的北京政府批評為亂花公帑，將引致"車毀人亡"，而決定收回。最終，在政府、僱主及部分勞工界人士協調下，接受了強積金方案，由於方案乃因妥協而出現，自然難以令各方人士完全滿意。

全民養老金方案：目前由"爭取全民退休保障聯席"提出的全民養老金方案提出，向每名 65 歲或以上的香港居民派發每月 3 千元的養老金。其財政來源包括政府日常在長者綜援及生果金的開支；加上僱主及僱員現時在強積金的一半供款；同時，向每年盈利在一千萬以上的企業額外徵收 1.9% 利得稅；最後，加上由政府非經常性開支撥款成立的種子基金或每年額外供款 1%。[27]

27　資料源自爭取全民退休保障聯席的網頁
　　http://www.aup-hk.org/zh-hk/education/detail.php?id=1

　　強制性公積金制度在 1995 年立法，於 2000 年 12 月 1 日開始推行，但批評之聲多年來卻不絕於耳。強調自由市場的人士認為，強制性制度下老闆及僱員均對金錢失去操控的自由，如果一個人想為未來打算，自然會自行尋找適當的投資工具，不用政府操心。另一方面，秉持社會公義的人士則認為，強積金成立後，僱主可用供款方式來抵消長期服務金及遣散費，但強積金是由僱主及僱員雙方一起供款的，即變相由僱員自己負擔長期服務金及遣散費給自己，實在於理不合。

強制性公積金計劃管理局

　　除了本身的問題外，在執行上亦受到不少非議，當中以強制性公積金計劃管理局的工作尤甚。一般市民每多誤以為強積金管理局的職責，乃管理市民的強積金供款，然而事實上，其只負責監察僱主有否供款，以及監管運作強積金計劃的基金公司。當中並沒有向市民提供直接的服務，而其所監管的強積金計劃，又一直被指服務收費偏高，蠶食僱員的退休金。

　　由於強積金管理局的認受性偏低，加上香港人口老化，多數人沒有退休保障，一旦失去工作能力，將面對極為艱困的晚年。故此大部分香港市民也對強積金能否應付退休所需並沒有足夠信心，令社會對全民退休保障的討論再次熱烈起來。

066 醫院管理局

根據政府的數字，現時每年在港產子的孕婦，約有一半並非香港居民。這種內地孕婦來港產子的趨勢估計在未來數年將會持續，對香港的醫療需求造成沉重的壓力。姑勿論她們來港產子是覬覦香港的福利，還是信任香港一流的醫療服務，這現象已令港人重新關注醫療資源的分配問題。

醫院管理局

今天香港醫療系統所面對的問題主要是服務不足，但在70、80年代時，情況更嚴重得多。60、70年代香港經濟才起飛，移民增加、人口膨脹，公立醫院的服務漸難應付市民需要，但一般人又難以負擔高昂的私立醫院服務。相信不少人仍對70、80年代時睡過醫院走廊帆布牀的經驗記憶猶新。而當時除了公立醫院資源不足外，由慈善團體設立或受政府資助的醫院如東華三院等，有本身的管理當局及政策，不一定能配合政府的工作。有見及此，政府在1990年12月成立了醫院管理局，在1991年12月接管所有公立醫院，亦包括一些由慈善團體所設立的醫院，例如廣華醫院、仁濟醫院等，以發揮**第三部門**的作用。自此以後，政府在每年的財政預算中直接撥款予醫管局管理及改善各醫院質素。

香港醫療設備先進，難怪吸引外來人士千方百計來港就醫，例如曾有外來人士故意在港犯案，目的是在服刑期間接受香港的愛滋病治療。然而，香港優質的公立醫療服務，能否在

> **第三部門**：第三部門在香港一般稱為志願機構，與第一部門(公營部門)及第二部門(私人機構)區分開來。其資金可包括政府用於資助公共服務的營運開支及私人捐款，例如香港的東華三院便提供醫療、教育及其他社會服務等。

未來繼續維持呢？更大的問題正等待着我們，那就是人口老化。

醫療制度改革

根據政府統計處的資料指出，香港在未來 10~20 年人口老化的問題會進一步惡化，65 歲以上人士將佔總體人口的四分一以上，[28] 老年人健康狀況固然不及少年及壯年，對醫療服務的需求便成為一種負擔。有見及此，政府早在 90 年代初提交諮詢文件，改革醫療的融資制度，把現時由稅款全面支付的制度，改為由其他方式支付。所提出的方案包括：部分用者自付、強制性全民醫療保險、自願性醫療保險及醫療儲蓄戶口等。醫療改革分別在 1993、1999、2000、2005 及 2008 年以不同方案進行諮詢，香港市民貧富懸殊，改革後本來免費的服務將由小市民自行支付，固然惹來極大反對，因此至今仍未有定案。

過去 20 年醫療改革方案的諮詢歷史簡表

年份	報告	主要融資建議
1993	促進健康（俗稱：彩虹報告）	五個融資選項，包括按百分比資助、目標對象資助、協調式自願投保、強制式綜合投保
1999	香港醫護改革：為何要改？為誰而改？（俗稱：哈佛報告）	提出五個融資方案，包括用者自付、醫療儲蓄戶口等
2000	你我齊參與 健康伴我行	頤康保障戶口，為個人的醫療儲蓄戶口，作為退休後的醫療開支之用
2005	創設健康未來	強調完善基層醫療，未就醫院融資作重大建議
2008	掌握健康 掌握人生	提出自願性醫療保險、儲蓄戶口等六個融資選項
2010	醫保計劃由我選擇（第二階段諮詢）	定出自願性醫療保險作為諮詢重點，並承諾注資 500 億保障有需要人士能購買保險

28　資料源自政府統計處的網頁 http://www.censtatd.gov.hk/

067 香港房屋委員會

假設電視台的問答遊戲有這個問題："香港最大的地產發展集團名字是甚麼？"十居其九都答成新鴻基或長江。然而，我們一直忽略了一個機構，為香港三分一人口提供廉價租住居所，而在曾幾何時亦向數十萬中下階層提供居者有其屋計劃，讓他們可以一圓置業的夢想，這就是香港房屋委員會（簡稱房委會）。

房委會自 1973 年成立，其發展主要可分為三個階段。

第一階段（1973~1988 年）

房委會的角色基本上是政府公營房屋政策的諮詢組織，在決策及財政方面皆有欠獨立，主席由房屋司兼任。1973 年為配合十年建屋計劃，港督麥理浩把隸屬於市政局的屋宇建設委員會重組為房委會，再配合新設立的房屋署，接收大部分廉租屋及徙置大廈以便一併管理，並規劃公營房屋的進一步發展。[29] 及至 1978 年，更推出居者有其屋計劃（簡稱"居屋"），協助中低層人士置業，同時使公屋有流轉性，公屋居民想置業的話，有一個比市值更便宜的選擇，又可將現住的公屋交回，並租予有需要的人士。

第二階段（1988~2002 年）

房委會由成立至 1988 年間，都在政府的領導下發展，但踏入 80 年代後期，政府引入英、美私有化及公司化的觀念，

---

29 資料源自香港房屋委員會的網頁 http://www.housingauthority.gov.hk/b5

希望房委會在財政上更加獨立，於是便進行改革。首先，房屋司不再兼任房委會主席，改由政府委任社會人士出任；其次，在財政上除了政府提供首筆注資外，其餘收入主要依靠公屋租金及出售居屋來維持，在經濟好景及樓價上升之時，收入可觀，財政十分穩健。

第三階段（2003 年 ~）

房委會在獨立運作了 15 年後，在 2003 年又重新回到政府的控制之中。2000 年在董建華八萬五的建屋目標下，公屋數量激增，一時間難以有效監管，遂出現承建商乘機偷工減料的問題，如 2000 年廉政公署揭發沙田圓洲角及元朗天水圍的居屋地盤皆有短樁情形，成為房委會一大醜聞，其時的房委會主席王易鳴更被立法會譴責而辭職求去。政府在 2002 年宣佈重組房委會的架構，負責公營房屋的最高級官員重新成為房委會主席，房委會的發展亦正式進入第三階段。

未必人人知道，原來房委會除了提供居住單位外，亦有發展工廠大廈，以安置受天災及收地影響的家庭式工廠。所以公屋不單是要解決市民的住屋需要，更是在社會管理的一部分。正如一些研究香港社會的社會學家如 Manuel Castells 指出，政府提供公屋予基層市民之餘，亦把公屋建於工廠區的附近，減少工廠工人的交通費及時間，因此間接資助了小企業及家庭式工廠，維持低成本的生產，也減少了勞資雙方的摩擦。

068 香港房屋協會

"北上"這話題近年在香港鬧得十分熱烈，面對經濟轉型，略有資產的都呼喊要北上創業，當中以地產業被炒得最為火熱，連政府資助機構香港房屋協會(簡稱房協)也被吸引過去，建議到深圳發展地產。

房協計劃與出路

香港房屋協會(簡稱房協)，在 1948 年成立，以照顧貧困人士的住屋需求為目標，在 1951 年正式成為法定機構，翌年獲政府廉價批地興建房屋，並租予低收入人士，至 2000 年停止建屋，房協的公共屋邨遍佈港、九、新界，明華大廈、祖堯邨等都是大家熟悉的名字。而在 80 年代開始，房協更仿效房委會，推出"住宅發售計劃"，除管理公屋外，亦轉型為地產發展商，樓宇計劃五花八門，繼有"住宅發售計劃"、"**夾心階層**住屋計劃"、專為退休人士而設的"長者安居樂住屋計劃"，還有大家比較熟悉的，為協助中產人士置業而推出的"首次置業貸款計劃"。然而，這些計劃在樓市泡沫爆破後，陸續在政府的退出樓市政策下停止，令房協只剩下單純的公共屋邨管理工作。

> **夾心階層：**按房協"夾心階層住屋計劃"的定義，是指收入不足以購買私人樓宇，但又超出申請公屋及居屋入息上限的中等收入人士。

香港樓市不斷升溫，而房協亦靠出售樓宇累積了 200 多億資金，在各項出售樓宇及貸款計劃被政府叫停後，資金因而苦無出路。時任房協主席為金融行業出身的行政會議成員鍾瑞明，遂在 2001 年 9 月提出讓房協到深圳發展房地產，並售予北移的港人，然而此建議卻罕有地遭政府公開批評，甚至指其不務正業。因為房協的宗旨是為香港市民提供公共房屋服務，而此建議亦可能違反《香港房屋協會法團條例》。結果北上決定無疾而終，而在停建樓宇後，房協於是集中發展樓宇管理的顧問服務及貸款予舊樓業主更新樓宇；同時，亦夥同市區重建局進行重建工作，令資金有所出路。

然而，"北上事件"反映的管治問題，至今未有解決。首先，鍾瑞明當時作為行政會議成員，為何不了解政府對這些房屋團體的政策，而他們在作出重大決定時為何沒有與相關官員溝通，反映出行政會議作為政府最高級別的顧問團，與政府官員之間存在極大的溝通問題，而有關問題至今仍沒有改善。此外，事件亦反映政府在制訂政策方面有欠周詳，要退出樓市，卻沒有考慮相關機構往後的工作。

069 市區重建局

電影《歲月神偷》叫好又叫座，全因其喚醒了香港人對舊區保育的意識，這些地方盛載了不少港人的回憶及生活點滴。然而，在鼓吹經濟發展及改善生活環境的前提下，過去數十年來，香港政府似乎"拆得就拆"，往往被批評沒有珍惜過本土的歷史遺產。而當中手執舊區"生殺大權"的，就是市區重建局。

市區重建局的工作

市區重建局(簡稱市建局)在 2001 年成立，前身是土地發展公司，根據市建局網頁的資料，市建局的職責包括："加速舊區重建，促進復修樓齡較高樓宇，修葺具有歷史或建築價值的樓宇，及透過改善舊區的環境促進經濟發展。"此外，市建局更提出"4Rs"的重建策略，即"重建發展(redevelopment)、樓宇復修(rehabilitation)、文物保育(reservation)及舊區活化(revitalization)。"[30]

從上述資料所見，市建局不只負責清拆及重建，亦有保育的工作。然而，近年來市建局給大眾的印象不佳，常被形容為"官商勾結"。

市建局與地產商之關係

在市建局的眾多權力中，最厲害的是其擁有《收回土地條例》這件武器。一般地產商若想在市區收地重建，先需要與原

30　資料源自市區重建局的網頁 http://www.ura.org.hk/html/c100000e1e.html

強制拍賣：強制拍賣乃《土地(為重新發展而強制售賣)條例》的俗稱，條例在 2010 年經修訂後，容許持有下列三類樓宇業權達八成或以上的人士可向法庭申請強制拍賣其他人士所持有的業權，以集齊所有業權重建：(1) 50年以上樓齡的樓宇；(2) 收購只剩下一個單位，而該單位的業權分數佔整體的 10% 以上；(即雖然未及 50 年或不是 30 年以上的工業大廈，但是只要符合此條，亦可在儲足八成業權下強拍，目的是防止有一戶人不願接受賠償，阻慢重建)；(3) 30 年以上樓齡的香港工業大廈。

業主商討，甚至討價還價，待收集八成或以上業權後才可以引用俗稱的 "強拍條例"(見**強制拍賣**)要求強制回收剩餘的業權，無論時間及金錢，均花費甚鉅。而市建局要收回土地時，只須向業主開出賠償金額(一般為同區樓齡七年樓宇的市價)，若業主不接受，市建局最終可引用《收回土地條例》強行要求業主搬出，而拒絕交回土地的人士，則有權控告其佔用官地。

由於有這件 "終極武器"，市建局收地比地產商自然方便得多。近年由於填海受到限制，市區土地供應減少，地價及樓價不斷上升，地產商遂與市建局合作回收及重建土地，例如灣仔囍帖街及深水埗順寧道等。具香港特色的舊區被強制拆毀並建成精品豪宅，每平方呎動輒萬多二萬元，難怪市建局被批評 "見錢開眼" 及 "官商勾結"，甚至引起官民之間的衝突。

凡事不該只看一面，其實市建局亦有復修、活化舊建築，最經典的例子是灣仔的和昌大押。但令人疑惑的是，舊建築被活化後，竟成為高級懷舊餐廳，一頓晚餐平民百姓難以花費得起，難道這是市民所期望的保育策略麼？不禁問：這些歷史建築，是否必須為經濟發展而犧牲呢？市區重建可否有更完善的策略呢？

070 城市規劃委員會

"地產霸權"近年成為香港的一個社會現象,指香港的社會、經濟、民生,以至政治,皆由數個財雄勢大的地產集團及其子公司所操控,壟斷小市民在食、住、行三方面的消費選擇。無可否認地產商確實掌控了香港的經濟命脈,但難道香港社會上就沒有能抗衡的機構嗎?其實在特區政府的眾多機構之中,有一個絕對能向地產霸權說不,那就是城市規劃委員會。

香港地產建設商會:香港地產建設商會(The Real Estate Developers Association of Hong Kong)於 1965 年成立,代表地產發展商爭取利益。商會成員有 800 多人,還有 250 個商號成員。其成員為立法會地產及建造界功能組別的主要組成部分。

城規會

根據城市規劃委員會(簡稱城規會)網上公佈的資料,城規會是根據《城市規劃條例》第二條成立的法定組織,其工作是協助行政長官制訂香港城市規劃的圖則,包括某些地區的布局設計及適宜在該地區興建的建築物類型,以促進社區的衛生、安全、便利及一般福利。

規劃署

而規劃署,則是城規會的執行機構,除為城規會提供服務外,亦負責制訂、監管及檢討規劃圖則、規劃政策和與環境建設有關的計劃。[31]

---

31 資料源自城市規劃委員會的網頁
   http://www.info.gov.hk/tpb/tc/whats_new/whats_new.html

旗下不同小組

此外，城規會下設有兩個規劃小組委員會：都會規劃小組委員會，和鄉郊及新市鎮規劃小組委員會，分管不同地區的規劃。

另外，城規會下亦設有聆訊申述小組委員會，負責聽取不同的意見。根據法例，城規會須在 9 個月內處理申訴並向行政長官報告，而行政長官有權將限期延長 6 個月。

城規會是守門員

一些地區若需要改變原有的用途，便需要通過城規會批准才可實行。即是說，縱使地產商收購了一片農地想興建成豪宅的話，便要向城規會申請。最經典的例子就是南生圍發展項目，1992 年時以恆基兆業為首的地產公司，向城規會申請開發該地區為低密度住宅區，但由於南生圍是米埔濕地的緩衝區，不少候鳥在該處居住及棲息，有極高之生態價值，而發展商多次的建議又未能做到完全不破壞濕地的要求，所以多次被城規會拒絕發展申請。

因此，在各大環保團體極力反對下，城規會多次否決發展商的建議，更在回歸前把訴訟提到英國的樞密院，地產商雖然最後被判得值，但時至今日，其計劃書仍未獲城規會通過，顯示出城規會仍有一定的把關能力，不是事事惟地產商馬首是瞻。

071 公民教育委員會

最近政府教育局提出明年要在全港中小學推行"德育及國民教育科"，引起社會上一片政治宣傳、洗腦的疑雲。其實早在 2004 年，由公民教育委員會便開始帶領宣傳國家民族的正面訊息，例如在電視台黃昏新聞簡報前的"**心繫家國**"——國歌宣傳片等，便是由當時任公民教育委員會主席的香灼璣所倡議的。然而，公民教育委員會除了製作政府宣傳片外，又需負責甚麼其他工作？而公民教育又是否等同國民教育？國民教育又應否只宣傳國家民族正面的歷史，一些錯失及歷史教訓又應否被排除於討論之外呢？

公民教育委員會成立於 1987 年 5 月，目的是聯絡有關政府部門及團體，推廣校外公民教育活動，並鼓勵市民積極參與社會事務，根據公民教育委員會的網頁所示，其職權包括：

(1)研究及討論公民教育的目的、範疇及推行方法，並提出建議，包括制訂推廣國民教育的策略及計劃，促進政府、志願機構、青少年組織、地區及社會團體之間在推廣國民教育方面的合作；

心繫家國：心繫家國由公民教育委員會及青年事務委員會聯合製作，在 2004 年 10 月 1 日推出，至今已有六輯。最新的一輯，即第六輯，於 2009 年 10 月 1 日開始播出，主題為"輝煌里程"，以不同的主題展現中華人民共和國建國 60 年來的演變，突出了國家的發展及成就，希望加深香港市民對國情的認識，但是一般人都認為短片只是一貫的"唱好"國家，沒有提及一些歷史教訓，難以令市民對國情有全面的理解及缺乏反思。[32]

32　資料源自公民教育委員會的網頁 http://www.cpce.gov.hk/main_tc.htm

(2)聯絡並協助政府各部門和社區組織提高市民對公民教育的認識和實踐；

(3)鼓勵社會各階層人士積極推廣公民及國民意識，其相關責任及參與有關事務，並提供指引和協助。

因此，其工作絕非只是"唱好"國家，而應涉獵更多社會議題及公民的質素培養；同時，亦應提供不同角度的思考。但近年公民教育委員會的工作目標，似乎只集中於國民教育，培養政府定義的"愛國愛港"新一代，例如公民教育委員會2011~2012年的主題是"愛自己、愛家人、愛香港、愛國家"，要系統地培養市民正面的價值觀及公民意識，同時提供更多有關國情的資訊。

思考問題時，應從多角度切入。筆者最近與一位參加了內地國情班的中學生討論為何要了解中國，她的回應離不開中國是一個龐大的市場，充滿商機，所以需要了解。不禁問，難道國家一窮二白，就不用了解嗎？所謂公民教育絕非等同向人民灌輸單純正面的訊息，而是應包括經濟、文化、政治各方面，從正面、反面等不同角度，獨立及批判地理解，除了國家及政府美好的一面外，亦明白其不足之處，培養出重視民主、自由、人權、平等的普世價值，讓每個公民明白如何在文明的制度下與社會互動、生活，才能肩負公民的使命，作出具建設性的貢獻，投入社會事務，建設更美好的國家。

072 香港貿易發展局

提到貿易發展局，一般市民多想到每年在**香港會議展覽中心**舉辦，一年一度的香港書展，其實除了書展以外，貿易發展局的工作並不少，例如定期舉行不同的展覽，並組織不同的商貿代表團到外地參展，以拓展香港產品的市場等。當然，另一項不能不提的工作，就是管理香港其中一個地標，即香港會議展覽中心。

貿易發展局的成立

貿易發展局(簡稱貿發局或 TDC)其實早在1966 年，香港經濟未起飛時已經成立，是專責拓展香港全球貿易的法定機構，現時在全球設有超過 40 個辦事處，為香港製造商、貿易商及服務出口商提供服務，當中特別是為中小型企業創造全球市場機會，協助他們把握商機，並推廣香港具備良好商貿環境的國際形象。

工作內容

要讓世界認識香港的產品，除了辦展覽吸引外商來港參觀及訂貨外，更要"走出去"，組織港商到外地參展，其中一個較大型的參展團就是一年一度的瑞士巴塞爾珠寶鐘錶展。香港是世界其中一個主要的鐘錶製造出口地區，所以貿發局每年也會組織鐘錶珠寶商到瑞士參展，並洽談生意。但是，2003 年

> **香港會議展覽中心：**香港會議展覽中心位於香港島灣仔北，在 1988 年完成第一期工程啟用。及至 1994 年進行第二期的擴建工程，在 1997 年完工，將原來的面積加倍，在維多利亞港上建了六點五公頃的人工島，並建設象徵回歸的金紫荊廣場，是內地遊客必到的景點。香港會議展覽中心第三期的工程在 2007 年重新展開規劃，預計在 2015 年落成。[33]

---

33 資料源自香港貿易發展局網頁 http://www.hktdc.com/tc/index.html

4 月時，貿發局一如之前的 19 年，組織 300 多個參展商，共 1000 多人到巴塞爾參加展覽，但當地主辦單位卻以香港發生"沙士"為理由，只准香港代表進入會場，卻不能在展覽攤位洽談生意，結果令香港的代表團十分反感，並要求當時的工商及科技局局長唐英年與瑞士駐港領事交涉。有傳媒指出巴塞爾方面只想香港這個競爭對手購買他們的產品，而不希望港商在那裏做生意。

當然，除了向外推廣香港產品外，貿易發展局亦定期舉辦展覽會，向本地及世界各國的買家推廣香港的商品。除了最廣為人知的 7 月書展能吸引百萬人次外，也有其他受歡迎的展覽會，例如每年都"刀光劍影"的香港動漫節，或是以掃平貨作招徠的香港美食博覽等。

除了宣傳香港產品外，貿易發展局亦負責管理香港會議展覽中心，一些國際大型會議也會選擇在香港會議展覽中心舉行，其中令人難忘的包括 1997 年時的香港主權交接儀式，英國國旗緩緩降下的一幕，相信不少港人仍記憶猶新。另一經典事例就是 2005 年 12 月的世界貿易組織第六次部長級會議，韓國的農民為了表達對世界貿易組織強迫發展中國家開放市場的不滿，衝擊會議展覽中心的世界貿易組織的會議，結果有過千人被捕，是香港近年最大規模的示威衝突事件。

073 僱員再培訓局

　　香港在回歸後出現不少爭拗及矛盾，如民主、社會福利，僱員再培訓制度等，被親政府派認為是港英政府埋下的"地雷"，令特區政府為滿足市民特別高的期望而頭痛，若做不到時甚至會出現社會衝突。但從另一方面看，英政府在即將撤出前，仍想方法解決香港在回歸及經濟轉型後，可能出現的中年失業問題，可謂"努力到最後一分一秒"，難道又不是一件給港人的"禮物"嗎？

　　僱員再培訓局在 1992 年成立，目的是向中年失業人士提供再培訓的機會，讓他們掌握新的技術，重新投入勞動市場。為了應付社會需要，再培訓局的服務對象不斷擴大，至 2007 年時，所有 15 歲以上、學歷在學士以下的人士，也可報讀其下機構所提供的課程。現時接受再培訓局撥款的培訓機構超過 120 間，培訓中心超過 400 個。

僱員再培訓局的作用

　　香港在 90 年代初面對中國經濟持續開放及增長，不少製造業轉移到內地生產，製造業工人將面臨失業的問題。但是，由於內地需要熟手技工帶領低技術的民工，令本地工人可以到內地發展，推遲了失業問題；加上，香港經濟在房地產及股市的帶動下不斷增長，刺激了服務行業的急速發展，亦吸納了不少可能失業的勞工。在此情況下，失業率低於 4%，在經濟學者眼中已算全民就業，夕陽政府根本沒有必要處理在回歸後才可能出現的失業問題。但一旦經濟衰退，而內地工人又逐步掌握技術，港英政府預視到失業問題可能在幾年間爆發，在勞工界的建議下，於 1992 年引入再培訓政策，其效果不單是紓緩失業，對政府而言更是促進了政府與勞工的合作，將可引致重大社會衝突的失業問題，放在可控制的範圍內，可説為未來的特區政府解決了一個重要問題。

再培訓計劃固然可以針對失業問題，紓緩社會矛盾。但是，其更深層次的社會穩定效果，更值得我們留意。得到僱員再培訓局資助舉辦課程的團體，大多是一些社會福利服務機構及工會團體。對於前者，在 90 年代一片市場化，服務要自負盈虧的大氣候下，服務機構得到的政府資助減少，正苦無開源途徑，**再培訓課程** 正好利用他們社會網絡的優勢，協助失業者培訓之餘，又能把服務轉型，以維持機構的運作。而對工會而言，得到再培訓局撥款提供再培訓課程，除了可以紓緩一向面對的資源緊絀問題外，更重要的是提供了一個組織工人的平台。香港的經濟模式以中小企業為主，工作地點人數不多，而工會的人手又不足，一向難以組織工友。但是再培訓課程則聚集了一羣同一工種的人士，方便工會日後的組織工作。故此工會組織願意與撥款的再培訓局維持良好關係。

再培訓課程：現時的再培訓課程超過 800 個，涉及 30 多種職業，包括一些一般的技能訓練，例如英語等，亦有一些針對特定人士的訓練，如新來港人士等。接受撥款提供課程的機構需要協助學員尋找工作，畢業學員的就業率需要達至某一比例，課程才算成功。[34]

再培訓計劃化解失業問題，同時令工人及他們的服務機構與政府形成一種無形的合作關係，把失業的問題定性為技術錯配，而需要勞、資及政府合力解決。避免將失業問題推向極端，令社會矛盾得以紓緩，對政府而言，可見是港英政府留下的良策。

---

34 資料源自僱員再培訓局的網頁 http://www.erb.org/

074 勞工顧問委員會

　　根據統計處的數字，香港每年的罷工個案及工業行動數目並不算多，因此予人一種香港勞資關係良好的錯覺，而以為勞方及資方的溝通渠道完善。事實上，少衝突並不代表沒有問題，有可能是由於雙方力量強弱懸殊所致。在過去對香港勞工的研究中，顯示出勞方由於勢孤力弱，欠缺組織而經常被老闆剝削。但是勞工若長期遭受僱主欺壓，終有一天忍無可忍大爆發時，將是社會極不穩定的因素，所以每個政府都會想方設法，防患於未然。

勞工顧問委員職能

　　香港的民主制度並不完整，工人的聲音難以直接到達政府的決策核心，為了讓他們有機會反映意見，在英殖民政府 "<u>諮詢式民主</u>" 的傳統下，成立了勞工顧問委員會，讓勞資雙方可就政府的勞工政策各抒己見。而勞工顧問委員會與政府其他諮詢組織的不同之處，在於委員會的勞方代表是由工會代表選舉產生，只有一位由政府以傳統方法委任；至於資方，則由各個商會提名一個代表組成，當中只有一人是以個人身分被委任。勞工顧問委員會內勞資雙方各有六名代表，而主席則是勞工處處長。他們會就一般的勞工事務向政府提供建議，例如政府要訂立最低工資制度，在最初階段便會於勞工顧問委員會討論。

> **諮詢式民主**：過去香港沒有民選的議會，政府要聽取民意，主要依靠委任社會賢達進入 500 多個諮詢委員會，讓他們可就政府的政策建議及政策檢討代市民反映意見，視為諮詢式民主。

勞資雙方的溝通

在委員會內，勞資雙方各有代表來商討政策，想結果必定為雙方接受，但現實卻非如此。當中的主要原因，乃勞資雙方的代表性往往會備受質疑。在香港，工會勢力十分固定，由工會選出的勞方代表多來自大工會集團或公務員工會，故此未必能代表全數工人的利益；而資方亦面對同樣的問題，香港的經濟運作以中小型企業為主，他們一般較少參與在委員會內有代表的大商會，因這些大商會的管理層多以大企業的代表為主。再者，各行各業有本身的問題，亦不是一個政策委員會可以全面照顧的。

集體談判權

> **集體談判權**：集體談判權是一種勞工權利，規定工人可以透過工會與資方討論僱傭條件、待遇及福利等，而資方有責任參與討論，其結果有強制性，雙方需要執行。集體談判權的好處是讓勞資雙方有常設的溝通機制，平心靜氣在談判桌上處理問題，不用事事變為工業行動而影響生產，其實對雙方皆有利。

要針對不同企業的情況，建立溝通渠道，最佳方法當然是在企業內建立機制，因此不少工會團體都提倡訂立**集體談判權**的法例，令勞方在法例的保障下，可與資方在資訊、權力等方面有較平等的地位進行談判，為工友謀福利。可惜，僱主一直擔心這樣可能會令勞工權力過大，影響他們的盈利。

為了落實集體談判權，來自工會組織的立法會議員李卓人在回歸前最後一屆立法局便以議員條例草案的形式提出為集體談判權立法，名為《僱員代表權、諮詢權及集體談判權條例》，結果在當時民主派佔多數的立法機關獲得通過，但卻在隨後

由政府委任的臨時立法會被廢除。而此後在《基本法》第
七十四條對議員條例草案立法限制下，亦難以再提出來討
論。有些機構為了安撫員工，雖然沒有集體談判的機制，
卻會設下諮詢制度，就工資及員工的升遷等與工人代表溝
通，但由於討論結果沒有強制力，而資方亦不一定需要事
事諮詢工人，所以效果並不顯著。例如電訊盈科便有此制
度，但從新聞中，仍可見員工常因資方裁員及加薪不足而採
取工業行動。

075 最低工資委員會

2011 年 5 月 1 日，對於香港廣大的打工
仔女而言是一個大日子，除了因為勞動節公眾
假期可以放假一天外，更重要的是期待已久的
最低工資制度在當日正式實施。當然，對不少
老闆及自由市場擁護者而言，該日可能是一個
黑暗的日子，因為薪金方面開支增加，但相對
來說，亦令到不少低薪階層在新制度下得到加
薪，脫離在職貧窮的行列。

最低工資的法律框架，在 2010 年 7 月於
立法會獲得通過。雖已立法，但最低工資的釐
定標準卻備受爭議，於是政府在法案通過後，
成立了最低工資委員會，由勞工界及商界、政
府官員及學者等不同代表所組成，希望制訂出的政策不但能兼
顧勞資雙方的利益，更重要的是可從更宏觀的公共政策角度考
慮，務求做到保障工人的生活之餘，亦避免對經濟產生負面影
響。結果委員會把首個最低工資定為時薪 28 元，乃在工會要
求的 33 元及僱主提出的 24 元之間。問題是採取中間方案，是
否就等如平衡呢？是否就能達到政策原來的目的呢？這些問題
仍有待相關機構搜集資料作進一步的分析。

最低工資的出現

在過去十多年，香港"在職貧窮"的問題湧現，工人即使
有工作，但由於工資太低，根本難以過活。但是工資不足，政
府可以擴大綜援或增加各項生活津貼，未必需要以得失僱主及

自由經濟學者的方法去干預市場。在 1997 年回歸初期，經濟泡沫爆破，失業率攀升，其時民主派的勞工界代表已建議設立最低工資制度，惟未見政府有正面回應。在前特首董建華在任期間，亦只承諾由政府外判公司聘請的清潔及保安員，其工資不低於同類工種的市場中位數，仍未去觸碰私人領域。

直至現任特首曾蔭權在 2007 年競選特首時，提出如果自願性的"工資保障運動"(即由僱主自行決定提高工資)得不到成果的話，將會立法強制實施最低工資。有評論認為曾蔭權提出此建議，是要爭取工聯會的支持，因為曾蔭權作為港英政府的"遺臣"，加上有爵士銜頭在身，極需要香港傳統左派的支持，以顯示其真正得到中方的信任，所以才接受工聯會的條件，以爭取他們的背書。倒是董建華的愛國背景，根本不用以政策向親中力量交心。

最低工資在社會出現爭議，到底該如何釐訂才能令人接受？實在是一個公共決策的核心問題。而在不同範疇，也同樣值得深思。例如香港的公務員系統向來信奉"積極不干預"原則，強調容許市場自由運作，而特首曾蔭權亦出身於公務員財金系統，奉自由市場為最高原則，何以會推出一個干預勞動市場的政策？本文或許可提供一個分析角度。

076 關愛基金

　　近年香港貧富懸殊的問題加劇，不少人歸咎是大財團壟斷所造成，他們為了"賺到盡"，利用壟斷優勢抬高一些必需品的價錢，例如住屋、電力、煤氣及交通等，令市民百上加斤，形成所謂"仇富"情緒。行政長官曾蔭權為了紓緩這種不滿情緒，在 2010 年的《施政報告》中提出成立"關愛基金"以協助低下階層。可惜，建議未實行前已遭到各方的質疑，可謂"泥菩薩過江，自身難保"。

　　關愛基金原意是由政府及商界各自出資 50 億元，成立為數 100 億元的基金，為一些不合資格領取社會福利的人士，例如新移民等，提供津貼等福利，令他們更易融入社會；同時，已經領取社會福利的人士亦可能會有一些綜援未能照顧到的特殊需要，例如貧困家庭學生的課外活動開支等，關愛基金亦能提供資助。

關愛基金的爭議

　　關愛基金的目標看來甚有意義，故初成立時城中富豪均紛紛響應捐款。然而，由於社會瀰漫仇富情緒，而捐款者又是一些備受爭議的地產富商，所以傳媒開始戲謔關愛基金為"贖罪券"，是剝削市民的富豪為了平息不滿而做的門面功夫。在這個負面標籤下，令到不少富商望而卻步，籌款的數目比預期的 50 億差距甚大，只有 18 億元。

　　另一個籌款不足的原因是當時的基金主席為政務司司長唐英年，有論者認為基金變相提供資金讓這位當時的行政長官準候選人為社會做些好事，爭取大眾支持。一些原來並非支持唐英年的人士，自然不會捐款，而未拿定主意支持哪位特首候選人的商人亦會擔心"押錯注"。在各種因素影響下，關愛基金在未批出項目款項前，已可預示在不久的將來可能出現財困，可謂自身難保。

基金在爭議聲中最終成立，但實行期間卻也不見順利。由於貧富懸殊加劇，所謂"富者越富，貧者越貧"，甚至影響下一代，造成"**跨代貧窮**"。在過去，家境貧窮的子女在九年免費教育制度幫助下，只要學有所成便能找到好工作助家庭脫貧。但現今社會中，教育制度階級分野日趨明顯，要考入名校已非成績好這麼簡單，課外活動及訓練已成入學的門檻，貧困

跨代貧窮：跨代貧窮是一種貧窮問題惡性循環的現象。由於上一代貧窮，沒有足夠資源培育下一代，而政府亦沒有提供足夠的協助，令貧窮家庭的第二代難與富有家庭的子女競爭，失去改善生活的機會，而只能夠永遠停留在貧窮的階層。

家庭的小朋友沒能力參與，競爭力比富裕家庭長大的小朋友相對較低。有見及此，關愛基金遂建議資助貧困家庭的兒童參與遊學團。然而，一次遊學經驗能對貧困家庭的孩子有多少實際幫助？連三餐及居住環境也未必得改善，談遊學是否太不切實際？

在各種因素影響下，關愛基金無論在資金來源與實施均困難重重。其實，關愛基金的設立由始至終都犯了制訂公共政策的一大錯誤，就是沒有針對問題的根源作出回應。香港的貧窮問題正如上文指出，是經濟結構的問題，由壟斷造成剝削，政府應從這方面着手，必要時進行大幅改革，而非提出關愛基金這種治標不治本的政策。

政黨、民間團體

　　在西方的政治體制下，政黨及民間團體的性質及功能涇渭分明。政黨希望透過參選，得到政權，從而推行政綱內的各項政策，實現本身的政治理念。而民間團體或利益團體則不傾向於直接參與政府工作，而是透過各種途徑，例如遊說官員、示威遊行等方法影響政府的政策。

　　然而，香港由於沒有政黨法來清楚界定何謂政黨；同時，《行政長官選舉條例》規定行政長官不能有政黨背景，間接地否定了政黨執政的可能。這兩個原因令政黨與一般的團體之間失去了清晰的界線。與此同時，民間團體由於資源不足，往往希望通過參政來增加財政及政治資源，令民間團體與政黨在香港社會的功能及角色更加混淆。這是了解香港政治運作的其中一個關鍵問題。

　　香港的政黨在沒有政黨法下，不能以政黨身分註冊，所以多數會以公司或社團形式註冊，與一般的民間團體及利益團體無異，至於如何分辨，就只有靠那些團體自己宣稱身分。例如本書提及的四個政黨，三個在團體的名稱上皆加上"黨"字，而民建聯亦不會否認本身是一個政黨。至於團體方面，情況則較為尷尬，工聯會及職工盟同樣有代表在立法會，似乎不是純粹的工會組織。不過，正如前文指出，由於香港的民間團體希望增強本身的影響力，參政的確可以達至此目標。

　　本章中還提到一些與政府關係密切的"民間團體"，例如新界鄉議局及香港賽馬會，他們在原居民事務或博彩事務上的權力得到政府的確認。此外，一些"御用智囊"，亦對政府政策有極大影響力。這些機構的"民間"身分實在有點模糊，但是，在組織上，畢竟還是以非政府人員為主。

　　此外，本章亦包羅了一些，傳統團體以外而對社會政治有影響力的社會力量，例如大眾傳播媒介、民意調查機構及意見平台等。

077 民主黨

　　民主黨是香港民主派中歷史最悠久、立法會議員及黨員人數最多的一個政黨，然而，這些"第一"都只是"表面風光"而已。至 2010 年 8 月，民主黨會員人數有 700 多人，相比起親建制的香港第一大黨民建聯擁有超過 2 萬黨員，在量方面真是難以匹敵。在立法會議席方面，亦只有 6 席。然而，追溯民主黨的歷史，的確有風光的時刻，是名副其實的民主派領袖，亦曾是立法會內的第一大黨。總結民主黨自 1994 年成立至今的歷史，可以說是一個團結與分裂的循環。

民主黨前身組織

　　談到民主黨的發展，不能不提其前身的兩個組織，即香港民主同盟及匯點。香港民主同盟成立於 1990 年，可說是香港第一個打正政黨旗號參選的政治團體。自 80 年代香港開始實施政制改革，令參政人士開始意識到選舉工作需要政黨幫助去組織及籌款，加上 1989 年六四事件的衝擊，及面對香港九七回歸，令 70、80 年代一直活躍於爭取民主及改善民生的人士，決定團結起來，為民主及民生而努力。因此當時的知識分子論政團體如太平山學會、匯點及壓力團體民主民生協進會的一些核心人士，加上知名的民主派人物如李柱銘、司徒華及劉千石等，便成立了民主黨的前身香港民主同盟。而在 1994 年，與當時另一個主吹"民主回歸"的論政團體匯點合併，成為今日的民主黨。在民主派一片團結聲中，民主黨可謂聲勢浩大，在 1995 年的立法局選舉取得歷史性的 19 席，佔去當時立法局 60 席中接近三分之一。

分裂與衰落

民主黨雖然曾獨當一面，但亦經歷在分裂中走向衰落。首先，來自勞工界的劉千石本身為香港職工會聯盟的領導，當然把工會置於民主黨之前，與民主黨的關係若即若離，更在1996年與劉慧卿等人另立政治組織"**前綫**"，揭開了民主黨分裂的序幕。但是，民主黨最嚴重的一次分裂是在回歸之後，以陳偉業、陶君行為首的"少壯派"因不滿民主黨反對設立最低工資，而在2002年退黨，在陶君行帶領下加入前綫。此次分裂，令民主黨具實力、有參政經驗的第二梯隊"買少見少"。然而，不少評論認為這次分裂及政策分歧只是表面原因，實際是因為"少壯派"在回歸後的新選舉制度下，當選的機會減少，而年長的立法會議員又尚未退下來，令他們上位困難，就只有退黨另謀出路。

當然，民主黨在分裂的同時，亦有團結其他民主派別以鞏固勢力。過去十多年，多次傳出民主黨與另一老牌基層民主政黨民主民生協進會合併，又或是與中產政黨公民黨結合，但都只聞樓梯響。反而在2008年12月正式與前綫合併，前綫唯一一位立法會議員劉慧卿帶領核心成員加入民主黨，其後劉更當選副主席。但是好景不常，民主黨在2010年因為支持政府修改後的政改方案，引來黨內激進派的反對，除了立法會議員鄭家富退黨外，部分原新界東的核心成員更組成了新的政治組織"新香港民主同盟"。

> **前綫**：在1996年8月由當時的立法局議員劉慧卿、劉千石、李卓人、梁耀忠及黃錢其濂牽頭組成，以人權、法治、民主、自由為綱領。發展至2008年，過程中除劉慧卿外，其他身兼立法會議員的成員陸續退出或轉趨低調。2008年11月宣佈與民主黨合併，但部分沒有加入的人士以前綫之名另行註冊繼續活躍於香港政壇。

078 民主建港協進聯盟

傳統左派：左派一般理解是支持社會進步、改變，而達至更平均分配的理念的人，而共產黨就是其中之一，因此，在香港傳統上支持內地中共政權的人士，便被稱為傳統左派。

提到香港的政黨民建聯，相信一般人都知道他們是香港最大的政黨，根據 2012 年最新的資料顯示，黨員人數有 22,809 人，單是"零頭"人數已比香港的一些小政黨為多，可說是香港唯一的跨階層羣眾政黨。但是民建聯在 1991 年成立時只有 56 人，在多年來不斷吸納新會員，才有今天的規模，而其跨階層的特色，乃因與其他不同的工商界政黨合併之故，這點在民建聯的全名，即"民主建港協進聯盟"中，也可看出一些歷史發展的端倪。民建聯原名是民主建港聯盟，在 2005 年與另一工商界政黨香港協進聯盟合併後才加進了"協進"二字。而在不斷整合的過程中，亦面對不少問題，反映一個跨階層政黨的困難所在。

民建聯一向予人的印象是一個以**傳統左派**為基礎的政黨，其成立時的主要力量，是一些長期以來親北京政府的人士，並有三個主要來源。第一，是從事文教工作的親北京知識分子，包括一些左派學校的老師，如來自培僑中學的曾鈺成及左派報章的從業員，如已去世的香港商報前負責人馬力等。第二，是工聯會的部分負責人，如陳婉嫻。第三，是一些地區組織的領導，如觀塘民聯會的陳鑑林。他們都是在殖民地年代長期緊跟北京路線的一羣人。但是在過渡九七之時，香港"恐共"情緒泛濫，故港人對這些左派政治人物，多防衛少接納，因此，在直選方面，民建聯輸多贏少，自可預期。

　　但是，這種情況在九七後起了變化，民建聯先在 1998 年吸納了香港民主同盟的前黨員劉江華，把他的一套以街坊福利為核心的選舉策略配合民建聯雄厚的財力，對發展地區勢力，可謂無往而不利。然而，民建聯至此仍是一個以中、下階層為主的政黨，難以令人信服其可以代表香港整體利益，包括工商界的意見。所以，民建聯在 2005 年與香港協進聯盟合併，便有其標誌性的意義。香港協進聯盟是一個 1994 年由北京政府催生的工商界政黨，其有別於自由黨那種以港英年代的精英為主的工商黨，成員多是與中方關係密切的商人及專業人士，如前人大代表朱幼麟等。香港協進聯盟成立三年後，又在 1997 年吞併了香港最早成立的工商界政黨，香港自由民主聯會，統一了親北京的工商專業力量。一些今日在民建聯的元老，如譚惠珠，便是香港自由民主聯會的成員，經歷了兩次合併後，才來到民建聯。

　　在不斷合併及吸納新會員之下，民建聯不論在人數及香港社會各階層的代表性的確不斷在增加，但是，亦有不少問題及代價。例如一些經多番合併而加入民建聯的富豪，如新世界發展董事總經理鄭家純(已於 2012 年退黨)，原是香港協進聯盟的成員，在該黨與民建聯合併後，成為民建聯成員，他旗下的業務，如新世界巴士或大老山隧道，一旦加價便可能遇上黨友領導的居民團體的示威，這種利益衝突令該黨十分尷尬。所以一個團體透過合併來壯大是好事，但亦要考慮中間的協調，否則只會適得其反。

079 自由黨

自由黨在 1993 年正式成立，是香港第一個打正旗號在用上"黨"作為黨名的政黨，在當時的香港人心中，聞黨色變，對政黨一般是避之則吉，能名正言順的以黨為名，實在有一定的勇氣。至於"自由"兩字就更值得考究。讀者或許會問：該黨過去十多年來在捍衞香港人的自由權利上沒有甚麼突出的表現，就以最為港人擔心自由受損的《基本法》二十三條立法為例，自由黨也是到最後一刻才"轉軚"反對，到底自由黨所指的自由是甚麼意思呢？

現代自由主義

香港的自由黨有別於西方現代政治中的一些自由黨，例如加拿大的自由黨，又或是英國的自由民主黨，他們所倡議的是<u>**現代自由主義**</u>，是一種中間偏左的政治經濟路線，在強調公民自由及認同資本主義制度的同時，亦接受政府需要介入經濟領域，進行再分配，以維持社會的平衡。相反，香港的自由黨更加傾向西方的保守主義，正如自由黨的創黨主席李鵬飛指出，自由黨就是要在香港成立一個類似英國保守黨的政黨。

古典自由主義

保守黨信奉的是保守主義，在經濟上沿用自由經濟始創人阿當‧史密斯強調的**古典自由主義**，即讓市場自由運作，政府不介入市場，只維持最基本的法律及社會秩序。而在社會、政治方面，保守主義強調保持穩定，相信傳統留下來的制度就是對公眾最有利的制度，不要刻意地去革掉它，所以他們反對各種各樣的社會革命。提出這些保守主義觀點的人士，多為社會現制度的既得利益者，他們當然反對任何變革。觀乎自由黨的黨綱可說是與保守主義互相呼應，例如他們強調社會穩定的重要性，在自由方面又突出了追求小政府，強調政府不應過度干預市場，要讓香港有自由的空間激發企業的創新精神。

自由黨的"自由"

另一個對自由黨所提倡的自由是一種戲謔式的理解。有論者笑稱自由黨之所以為自由黨是因為黨紀十分自由，這點可從兩方面反映出來。首先，在一些公共政策上，一些自由黨的黨員為了要保障本身代表的業界之利益，而經常申請豁免跟隨黨中央投票，例如張宇人在最低工資定於 28 元的立法上，便申請了豁免跟隨黨的支持立場。這種對黨紀寬鬆的做法，在一般的政黨是較罕見的，例如民主黨就只能在議案與黨員本身的宗教信仰有衝突時才可申請豁免跟隨黨的決定投票，例如 2010年民主黨的鄭家富不想跟隨民主黨支持經修訂的政改方案，最後就只有選擇退黨。自由黨在黨紀方面的另一特色，就是黨內的公眾人物經常不理會黨中央的決定而自由發表個人意見，以保障本身的政治利益，令政黨內部矛盾公開化，例如最低工資一役，原黨中常委田北辰便與副主席張宇人公開地爭拗，造成黨的尷尬，結果田北辰決定退黨另組新政團。這類公開衝突往往以部分人退黨為終結，使人誤會自由黨是可以"自由進出"

的政黨。

　　其實，自由黨的"自由"，不論是理念上強調的自由經濟，還是黨紀上的自由，其根源都是一個，就是自由黨的組織基礎。自由黨是西方所指的議會內政黨，它不同於一般的議會外政黨，不是由民間團體在議會外聯合而成，透過選舉進入議會。相反，議會內政黨是一些議會內個別議員面對新興政治力量的衝擊，而認為需要團結起來保障已有的利益，才組成的聯盟。自由黨的前身，"啟聯資源中心"正是這樣一個組織，由當時立法局的委任議員及功能組別議員組成，目的就是抗衡議會內新興的民主派勢力。時至今日，自由黨的組成仍是以代表不同利益的功能組別議員為主，既然他們只是一個利益聯盟，當黨的路線與本身功能組別的利益有衝突時，為了保障自己的政治前途，當然選擇不跟隨黨的路線，自然予人黨紀不嚴的印象。再者，自由黨成員代表的功能組別多為工商及專業界，自然會強調保障工商界及既得利益者的政治經濟理念。這樣情況，在可見的將來也不會改變，除非香港真的全面實施一人一票的地區直選。

080 公民黨

公民黨於 2006 年 3 月成立，在一般的政黨理論中應被歸類為精英政黨，他們主要由一些社會精英所組成，特別是議會中的議員。他們的羣眾基礎比較薄弱，政黨的建立亦不是蛻變自羣眾組織。然而，在過去五年的發展過程中，公民黨似乎越來越傾向走羣眾路線，並強調與民間團體及社會運動組織為主的**公民社會**合作。到底公民黨創黨之初為何會予人一個精英黨的印象，及後又為何走向與公民社會結合呢？此外，這種社會參與的策略，對一個精英政黨而言，又將會面對甚麼問題？

> **公民社會**：公民社會是一個極為複雜的政治學、社會學概念。我們可以把它理解為一種公民的集體行為或組織，它既不是政府的一部分，亦不是私人及經濟領域，例如家庭、市場等，而是介乎兩者之間。一般理解的公民社會包括慈善機構、社區組織、宗教團體及社會運動等。

公民黨的前身是兩個以大律師及法律學者為中心的組織，包括二十三條關注組、四十五條關注組。前者在 2002 年由余若薇、湯家驊等大律師及陳文敏等學者所組成，主要關心《基本法》二十三條立法對市民的自由、人權之影響。及後，在成功阻止《基本法》二十三條立法後，這個組織轉移關心政制發展，並以《基本法》內有關選舉行政長官的第四十五條而命名，直至 2006 年改組為公民黨。

從歷史發展中，可以見公民黨的骨幹均為一般市民尊敬的法律專才，而其後再加上學者及其他專業人士，他們都是被社會公認為有能力及精英的一族。因此，在成立初期，一般認為他們是民主派中少數獲得社會中上階層接受的政黨，而經濟政策亦不會如民主黨那麼傾向中下層。但是，公民黨過去六年的發展卻編造了另一個完全不同的故事。他們比民主黨更強調基層及弱勢社羣的利益，而且與公民社會的關係越來越密切，更在 2010 年派出梁家傑及陳淑莊與政治團體社民連合作，辭去立法會議席，製造"變相公投"。

公民黨這種聯合公民社會的策略選取，可以從兩方面解釋。其一是公民黨或其前身是誕生於香港民間社會繼 80 年代中後，另一波的復甦期，在 2003 年七一大遊行，50 萬人上街後，催生不少社會運動的組織，參與社會事務的羣眾大增。作為一個參加選舉的政黨當然希望吸納更多志同道合的人士加盟，或與之組成聯盟。再者，公民黨相對於一些老牌的民主派政黨如民主黨及民協有所不足，就是欠缺地區力量，因此在選舉動員上及人力資源方面比較吃虧，與民間團體合作，某程度上可以彌補這方面的不足。

然而，公民黨採取比原來激進的親公民社會路線，亦面對一些問題。例如在參與"變相公投"一事上，內部便有反對聲音認為過於激進，及後亦有新界西支部的黨員因而退黨。事實上，香港的工商、專業人士一向比較保守，他們的確難以接受一個與基層、弱勢社羣走得太近的政黨。這正是香港從政者面對的困局。

08 | 鄉議局

　　有立法會議員及政府官員所持有的物業被揭發有僭建物，涉嫌觸犯《建築物條例》，特區政府發展局局長態度強硬地表示要一視同仁，清拆所有違例僭建物，結果觸怒了最多僭建物的新界丁屋的業主。在一次鄉議局會議中，有成員更表示為了保護他們的權益，不惜流血抗爭。事件令人想到香港是否仍存在城鄉之間的矛盾？

　　所謂"城鄉矛盾"一般是指由於城市與鄉郊的發展階段有異，而引申的收入差距或經濟矛盾。但在香港這個已幾乎全面發展的彈丸之地，城市與鄉郊究竟還存在着甚麼矛盾呢？而這些矛盾又來自何方？

鄉議局

　　鄉議局在 1926 年成立，其原初是團結新界**原居民**來反對政府在 1923 年提出原居民建屋需要補地價的政策。隨着政府發展新界，容易與當地居民產生衝突，需要熟悉新界事務的

> **原居民：**新界原居民指其在 1898 年英國租借新界之前已在各鄉村定居的人以及其後人。

人作中介，遂於 1956 年訂立鄉議局條例，令鄉議局成為法定諮詢機構。其後政制開放，鄉議局之下的 27 個鄉事委員會主席更成為區議會的當然議員，而在 1991 年立法會亦加入了鄉議局功能組別。

城鄉矛盾

　　從報章新聞中得知，新界原居民所指出的城鄉矛盾，主要是指被香港城市人欺壓而產生的矛盾，例如 1994 年有關女

性原居民繼承丁屋的爭議（見**丁權**），又或是2000年有關非原居民選舉村代表等。但是，只要我們細心分析這些所謂的城鄉矛盾，其實只是鄉郊人士之間權益不平等而產生的矛盾，或者可以演繹為"特權"與"平權"之間的矛盾。

1994年，前立法局議員陸恭蕙提出《新界土地（豁免）條例》，要求改變新界原居民傳統上只有男性可以繼承丁屋的做法，以達到男女平等。但是當時的新界鄉紳認為有關做法是不顧新界原居民的傳統（見**《基本法》第四十條**），是城市人把本身的一套強加在新界人的身上，因而發起"保家衞族"的行動，有代表更曾聲言若陸恭蕙到新界推銷法案，會對她不利。然而，綜觀事件，這似乎是一個原居民男女權益之間的矛盾，並非新界原居民受市區人欺壓的事件。

另一次被形容為城鄉衝突的事件是2000年有關村代表選舉的爭議。有非原居民入稟法院指村代表選舉排斥女性及非原居民，是違反了《香港人權法案條例》及《性別歧視條例》，要求容許非原居民可參與村代表選舉，結果獲判勝訴。政府隨即提出改革方案，建議設立"雙村長制"，原居民及非原居民可以分別選舉自己的村代表。這個做法雖然得到鄉議局內

> **丁權**：丁權是1970年代為了爭取新界原居民支持政府發展新界而推出的政策。1972年實施的"小型屋宇政策"容許成年的新界原居民男性，可以申請興建一幢三層高、少於27呎、每層面積不多於700平方呎的建築物，而不用補地價。[35]
>
> **《基本法》第四十條**：《基本法》第四十條的原文是"'新界'原居民的合法傳統權益受香港特別行政區保護"，而所謂合法傳統權益包括丁屋等，但不包括政治權利。

---

35 資料源自新界鄉議局網頁 http://www.heungyeekuk.org/

的溫和派支持，但是仍有反對者認為政府及部分立法會議員藉機會削弱他們的影響力及傳統權益，事件同樣被認為是另一次的城鄉矛盾。其實，只要我們細心分析，事件涉受的爭議雙方都是"新界人"，只是原居民及非原居民之別，亦非城鄉矛盾。

其實，類似上述的事件可謂不勝枚舉，僭建物事件亦是另一樁。究竟新界原居民是否只是把一些影響他們特權的政策，統統包裝為城市人對他們的傳統權益的剝奪，製造城鄉矛盾，以保障本身利益？而所謂矛盾，又似乎是"平權"與"特權"之間的矛盾。

082 香港工會聯合會

香港政圈不少名人出版回憶錄，當中一個賣點是揭開中國共產黨在港英年代組織香港文化知識界的地下活動，不少組織表面上沒有任何政治背景，只組織一些文藝活動，卻暗地裏從事政治工作，令不少市民參與了政治組織也懵然不知。然而，市民至少也知道香港有一個一直支持中國共產黨政權的組織，這就是香港工會聯合會(簡稱工聯會)。

工聯會的成立與發展

工聯會 1948 年在香港成立，但是早在 20 年代中國共產黨已在香港組織工人活動，當中最為人熟知的是"省港大罷工"。在工聯會成立時，中國共產黨在內戰中的優勢已甚明顯，工聯會的作用是組織香港的基層羣眾，支持內地的工人階級政權。他們以福利工會的形式，向基層市民提供生活必需品的優惠，又經常舉辦探訪會員的活動，在香港經濟尚未起飛、物質及精神生活匱乏的年代，這類工作的確爭取到不少人士的認同。然而，在 50、60 年代，英國政府當然容不下中國共產黨及其相關組織在香港活動。因此，港英政府在 80 年代回歸談判前，對工聯會一直採取打壓的態度，例如刻意扶植親國民黨的港九工團聯合總會與工聯會抗衡，委任他們的代表進入立法會。而工聯會亦受到國內政局的影響，對英國殖民地政權採取對抗的態度，其中最突出的事件是"六七暴動"。

在內地文化大革命的背景下，一向受港英打壓的工聯會受到國內激進的造反派影響，反殖情緒高漲，憧憬可以趕走英國的殖民統治，遂藉一些勞資糾紛演化為大規模的工會行動，企圖推翻港英政權。1967 年 5 月上旬，新浦崗的香港塑膠花廠發生工潮，工人連續數日罷工，阻止廠方出貨，又發起示威、集會，警方以違法為由加以打壓，有工人被判監。到 5 月中，工人的行動升級，發展為縱火、燒車、向警察擲石頭等行為，整個左派更發動宣傳支持工人的行動。5 月 16 日在當時的工聯會理事長楊光的領導下，成立了港九各界同胞反對英國迫害鬥爭委員會，把行動升級，除罷工、罷課外，更製造炸彈，企圖擾亂社會秩序，其中在 5 月 17 日及 21 日，更分別發生九龍暴動及香港暴動，導致兩地需要宵禁及拘捕數百人。事件一直延續至同年 12 月，北京政府表明不會提早收回香港的立場，而與英國政府恢復邦交，當時的國務院總理周恩來更下令罷工工人返回工作崗位，事件才告慢慢平息。[36] 工聯會此後直到 80 年代都轉趨低調，而以發展會務及進修課程為主，以挽回港人對他們的信心。

工聯會與港英政府的關係由對抗轉為合作，則始自 80 年代中英會談後。由於中方已確實將收回香港，所以親北京的組織有新的任務，就是維持香港在回歸前的穩定，他們不但沒有挑起社會衝突，更儘量支持政府的政策。例如 80 年代中，香港的

36　資料源自網頁 http://zh-yue.wikipedia.org/wiki/ 六七暴動

民間團體爭取“八八直選”，即在 1988 年於立法局引入直選，當時的中英兩國政府皆反對，認為令社會變得政治化，會破壞平穩過渡，於是工聯會在當時的理事長鄭耀棠的帶領下，提出工人“寧要飯票，不要選票”，指直選不利社會經濟，不是工人的利益，更發起一人一信反對直選。而另一個例子是接近回歸時，當時李卓人提出集體談判權立法，作為工人代表的工聯會不但沒有支持，更提出多番質疑，更沒有阻撓回歸後的臨時立法會廢除已通過的法例，明顯地站在政府及工商界那一方。工聯會與政府的關係在回歸後更為明顯，例如工聯會會長自 2002 年起成為行政會議的成員，而六七暴動的領導人楊光更在 2001 年獲頒最高榮譽的大紫荊勳章。

香港職工會聯盟

　　在 70 年代前，香港的工會主要是兩個在 1948 年成立的工會組織的屬會，即親中國共產黨的香港工會聯合會及親中國國民黨的港九工團聯合總會，一些獨立自主的工會則較少。但是，這個情況在 60 年代後期、70 年代初期起了重大變化，首先，不少公務員按職系成立了自己的工會；此外，隨着香港的輕工業在 70、80 年代日趨蓬勃，不少工廠亦成立了自身的工會。這些工會成員多是公務員，傾向不與有政治背景的工會組織有聯繫，而一些私人機構的工會亦會擔心被外來政治勢力利用，而不想參與兩大工會組織，特別在"六七暴動"後，這種想法更為明顯，於是留下了空間讓獨立工會運動可以發展，當中的代表就是香港職工會聯盟，簡稱工盟或職工盟。

　　職工盟在 1990 年成立，但在此以前的 20 年間，其前身的香港工會教育中心及相關團體香港基督教工業委員會，已經積極地介入勞工事務。70 年代香港的勞工法例尚未完善，僱主經常透過拖欠薪金、關門大吉等方式欺壓工人，工友有冤無路訴，一些人便主動組織工會，團結一致保障本身的權益，稍為被動的就在老闆"走佬"後，找基督教工業委員會協助，向老闆追討。

基督教工業委員會及香港工會教育中心

　　而基督教工業委員會就在此情況下在工人之間建立了口碑，本身亦在改善勞工法例及團結工人方面不斷發展。及至 80 年代，香港政治出現重大變化，香港在 1997 年回歸中國已成定局，民間團體開始爭取民主，而基督教工業委員會亦積極參與，因為他們認為要改善勞工立法及爭取工人的權利，必須要一個自由民主的開放社會。為了團結更多獨立工會以保障工人在回歸後的權益，基督教工業委員會的領袖，如劉千石等開始與其他的獨立工會的領袖，例如香港教育人員專業協會(教協)的司徒華等研究成立一個獨立工會的聯盟。於是在1984年成立了香港工會教育中心，對獨立工運的參與者及組織作長期的培訓，及至1990年正式成立職工盟。

職工盟的成立

社會運動工會主義：社會運動工會主義有別於只向會員提供福利、優惠，及只保障會員權益的"福利工會主義"，社會運動工會主義強調工人、工會及社會運動的團體團結一致，組成聯盟爭取社會及經濟上的公義。團體之間會互相支持，而不會因個別團體的短期利益，而犧牲工人大眾的利益，例如在"反高鐵，支持菜園村"的事件上，職工盟的建築工人屬會不會因興建高鐵可以提供就業機會，而支持政府儘快動工及拆毀菜園村村民的家園。

職工盟的加速成立其實與九七回歸的政治轉化有莫大關係，正如之前提及獨立工會的組織主要是爭取改善勞工立法及在有勞資衝突時，聯合工人一同爭取權益及公義，而不是向會員提供各種優惠、福利的工會，如果回歸後的政治環境收緊，這種以"**社會運動工會主義**"為重心的工會活動將受嚴重打擊，所以當時的獨立工會意識到團結一致的需要性及迫切性，以爭取日後的活動空間。加上1989年發生"六四事件"，令他們更明白到香港的工人運動在回歸後所面對的壓力不單是本地的資本家及政府，還有以穩定壓倒一切，遏止任何社會運動的中央政府，所以更需要團結香港的獨立工會。

　　職工盟在 1990 年成立時只有 25 個屬會，9 萬 7 千成員，但 20 年後的今天，會員人數已翻了一翻，達 17 萬人，而屬會則增至 80 多個，是香港第二大的工會組織。這點與職工盟在回歸後不斷發展有關。在政治轉變之中，職工盟表面上受到的打壓沒有想像中的大及那麼具針對性。但是隨着政治空間的收緊及政制的倒退，像李卓人 1997 年前在立法局提出勞工立法而成功通過已成絕響。今日，獨立工會可以做的就是組織羣眾向工商界及政府施壓，務求令其制訂出有利工人的法例，例如最低工資及規管工時。加上，貿易全球化及全球性的經濟衰退，職工盟的另一工作重點已轉到團結世界各地的工人爭取本身的權益及公義的社會。

　　職工盟的骨幹成員與其他關心基層勞工權益的個人及組織在 2011 年底成立了工黨，目前在立法會內擁有 4 席。

084 民間人權陣線及香港社區組織協會

《公民權利及政治權利國際公約》、《社會、經濟、文化權利國際公約》：兩條公約都在 1966 年的聯合國大會上通過，而在 1976 年正式實施，由於英國及中華人民共和國政府都是兩條公約的簽署國，故不論在回歸前後，香港政府都有責任就香港的人權問題向聯合國人權理事會提交報告，交代香港的人權狀況。兩條公約之中，《公民權利及政治權利國際公約》主要集中在政治參與及公民自由的權利，香港的《人權法案》已包括了這條公約的內容，若市民認為政府的某些政策侵犯了公約訂明的自由權利，可以向法院提出司法覆核。而《社會、經濟、文化權利國際公約》方面，則包括了居住、溫飽等社會權利。在香港並沒有一條單一的法例把這條公約的所有權利包括在內，而是散落在不同的法律之中，例如就業的權利就有勞工法例的保障；而溫飽的問題，則有基本的社會福利制度保障。

一般人提到人權，直覺會等同於民主自由，例如要求增加人民的政治參與及決策權，又或是要求保障人民有權發表不同的意見，可以自由地集會、遊行等。這些當然是人權的一部分，卻不是全部，人權還包括社會權利，例如住屋權、溫飽的權利等。所以國際上討論人權，亦有兩條涉及不同範疇的公約。聯合國訂立的《公民權利及政治權利國際公約》主要包括各種公民自由及參與政治的權利，而《社會、經濟、文化權利國際公約》則關心一些民生的問題。兩條公約都包括在《基本法》第三十九條之內，香港將透過本地立法，予以實施。

民間人權陣線

針對人權的不同面向，香港的人權組織內部亦有不同的着重點，其中一個明顯的例子就是民間人權陣線，簡稱民陣。民陣在 2002 年 9 月才成立，由 50 多個關心香港不同人權項目的團體所組成。在平日市民可能不會留意有此團體的存在，但是在每年的 6、7 月間，便會在新聞中聽見這個組織的名字，因為自 2003 年起，每年的"七一大遊行"，民陣都是主辦單位之一。

2003 年的"七一大遊行"，其主要目標是反對《基本法》二十三條立法及要求推動香港的民主發展，比較着重於公民權利及政治權利方面。事實上，民陣內部部分團體亦是以這些政治訴求為主，例如"民主動力"主要是爭取香港進一步的民主化，而另一個比較為人熟悉的成員團體是"香港市民支援愛國民主運動聯合會"，簡稱支聯會，是每年組織"六四燭光晚會"的團體，其工作的目標是以爭取國內的民主自由為主。

不過，人權是一個完整的概念，人不能只要自由，而沒有溫飽，相反亦然。所以一些團體亦致力於社會、經濟、文化權利的爭取。例如民陣的成員團體，香港天主教勞工事務委員會及深水埗社區協會，便是爭取貧困人士的居住權及社會福利等。

社區組織協會

另一個不隸屬民陣，但比民陣更早成立，以爭取民生權益為主而更為市民熟悉的機構，是社區組織協會，英文簡稱SOCO。他們在 70 年代成立，服務對象包括有住屋困難的人士，長者及新移民等。2011 年一次在民生上的重要工作是協助一名貧窮人士進行司法覆核，質疑綜援有關留港時間的規定違反了《基本法》及《社會、經濟、文化權利國際公約》的相關條文，最終在高等法院獲判勝訴。

當然，隨着社會發展，人權的内容亦日趨多樣化，平等權利的概念日益高漲，不同的弱勢社群組織起來爭取自身的權利。在民陣之中，有關注種族歧視的組織，如香港融樂會；此外，亦有捍衛女性及性工作者權益的組織如新婦女協進會及紫藤等。而在民陣之中曾經在 2005 年"七一大遊行"引起一輪爭議的是爭取性小眾權益的組織，如香港女同盟會及香港性學會等。

085 香港政策研究所、智經研究中心、一國兩制研究中心

智囊組織：智囊組織，或稱作智囊，是一些針對政治、經濟及社會問題進行研究的機構。他們可以與政黨、政府有聯繫，亦可以是獨立的組織。外國著名的智囊組織，有 1884 年在英國成立的費邊社（Fabian Society），其對英國的社會改革曾經產生極為重要的影響。香港除了以上提及的智庫外，亦有一些與政府關係不太密切的，如新力量網絡及公共專業聯盟等。

政府的決策一向標榜理性、客觀、中立，在殖民地年代，由於香港實行非民主體制，理論上政府不用理會各方的利益或意見，可以按官員的"理性科學分析"找出他們認為最好的政策，在立法局零爭議下順利通過，予以執行。但時移勢易，現時在民主開放的氣氛下，政府再不能閉門造車，政策制訂需要考慮各方面的意見及利益，否則難望獲立法會首肯通過。所以政策研究亦不能再倚重政府內部的通才政務官，而需要引入更多政策研究的專才，於是一些**智囊組織**，或稱為"智庫"便應運而生。

當然，智囊組織也有不同類型及來源，例如香港最早的智囊組織可能是大學內的研究部門，從一個促進社會進步的目的，客觀分析社會問題，提出可行的方案；此外，一些商會亦為了本身的利益，成立研究部門，建議有利成員的經濟政策；最後，一些學者及關心社會的人士亦會在學術機構以外，組織智庫提出各種社會政策、撰寫評論，製造對政策的影響力。但是，在 90 年代，甚至回歸後，一種新形式的智囊組織續漸形成，並高姿態地介入政府的決策，包括成為行政長官或行政長官候選人的特定政策研究機構，我們稱其為"御用智囊"。

香港政策研究所

首個"御用智囊"並非最早成立，但卻是最先讓人注意到它"御用"的性質，這就是香港政策研究所。其成立於1995年，正是香港回歸前政治上最複雜的時候，當時有中英爭拗、特首候選人組班參選及民主派控制議會。最後，香港順利回歸，而董建華亦當選首任行政長官，他委任了香港政策研究所的主席，商人葉國華出任特首的特別顧問，因此被尊稱為"國師"，令研究所受到政府及傳媒的重視，不少政府的政策都委託其進行研究，成為第一代"御用智囊"。但是，隨着葉國華在董建華第二屆任期離開政府後，香港政策研究所的影響力亦大不如前。

一國兩制研究中心

早在香港政策研究所成立前，一國兩制研究中心已於1990年底成立，由一羣親北京的人士所組成，開始時就一些與回歸有關的事宜進行研究，並向中方提供意見，一般認為其在回歸後應受到政府的重用，結果卻繼續在野，只是承接政府一些有關中港合作的政策研究，但由於行政長官梁振英曾是研究中心的主要負責人，令中心的重要性及曝光率在近年有所提升，前任總裁邵善波更在曾蔭權第二屆任期內被委任為中央政策組顧問，在梁振英任內更被提升為首席顧問，顯示一國兩制研究中心受政府重視。

智經研究中心

然而，要數曾蔭權任內最重視的智囊組織首推智經研究中心，其成立於2005年，一直被認為是親曾蔭權人士的大本

營，其首任主席，即現任香港金融管理局行政總裁陳德霖與曾
蔭權共事多年，曾負責其選舉工作，亦曾出任特首辦主任。近
年政府的一些重要政策研究工作皆由智經研究中心包辦，例如
有關醫療融資改革的研究及中港兩地融合的研究等。

御用智囊的好處

讀者或許會問政府本身亦有研究人員，為何需要聘用這
些"御用智囊"呢？其實，這些組織除了政策研究外，亦扮演
了其他功能。例如增加了客觀、科學的印象，在今日市民對政
府信任度跌至谷底的情況下，由政府以外的機構進行研究，可
以加強市民對建議的支持。此外，若建議不受歡迎，政府亦不
用"上身"，只當作民間討論便可，有其試探的功能。而且由
民間組織提出政策建議，可以在社會上先行討論，不用一開始
就由政府介入，以為政府已有立場，影響了討論的開放性。最
後，在管治人才缺乏下，這些"御用智囊"可以成為公務員系
統以外，培養管治人才的另一個基地。

086 香港賽馬會

　　如果問香港最有影響力或權力的機構是哪一個？香港人最直接的答案可能是特區政府，但是稍為了解香港過去百多年權力結構的人應該會回答是香港賽馬會（簡稱馬會），或回歸前的**英皇御准**香港賽馬會。事實上，香港賽馬會跟特區政府也有些相似之處，同樣經常受到市民的咒罵，但分別是香港人會心甘情願地把金錢交到香港賽馬會的手上。過去更有一個流行

英皇御准：英皇御准是英國皇室御賜香港賽馬會特准經營這種業務，是 1959 年英女皇伊利沙伯二世為了表揚香港賽馬會對慈善事業作出的貢獻而賜予的封號，跟回歸前的皇家香港警察及皇家香港天文台都是一種榮譽。

的說法，認為殖民地時期的香港是由政府、英皇御准香港賽馬會，匯豐銀行及怡和（渣甸）洋行共同管理，當中馬會的權力更是四者之冠。今天，香港回歸已多年，怡和洋行早在 80 年代開始撤出香港，匯豐銀行的地位正面對內地銀行的挑戰，特區政府的民望更如江河日下，就只有香港賽馬會仍維持一定的影響力。

　　早在香港島未割讓予英國前，英國人在 1840 年已把賽馬運動帶到香港，並在今日的跑馬地一帶開闢馬場並沿用至今，到 1978 年才在沙田開闢第二個馬場。但英皇御准香港賽馬會要到英國人來港 40 多年後的 1884 年才成立，由香港賽馬會的董事會管理，會內全為香港的達官貴人。至 1973 年馬會開始設立場外投注站，以打擊日漸猖獗的非法外圍馬活動，其後更分別引入六合彩及足球博彩等活動。

馬會的社會影響力

　　香港賽馬會其實只是把一項體育活動以博彩形式運作，為

何會有如此大的影響力呢？一般人認為緣於馬會自 1915 年開始參與慈善活動，並在 1955 年開始把博彩收益用作支持慈善團體的活動，廣結善緣自然得到尊重。馬會所成立的慈善基金曾捐助過百志願團體，為有需要人士提供服務，例如禁毒等宣傳工作。但是，這是否足以令馬會可以影響整個社會呢？

其實，馬會的影響力來自其成員，首先要成為馬會會員需要經過名譽董事提名等程序，基本會籍入會費 6 萬 8 千元，每月月費 420 元，單是這個數目，便不是普通人可以負擔。[37] 再者，成為馬主及晉身董事會更是少數富豪及社會賢達才能做到，是一種身分象徵，所以不少社會精英都以進入馬會董事會為榮。不少現任或前任高級官員，如唐英年、任志剛等皆為馬會董事，城中富豪更是不勝枚舉。一個集中了香港最富有及最有權勢人士的機構，其權力可想而知，其成員的社會影響力可能比行政會議還有過之而無不及。

當然，亦有分析認為香港賽馬會的影響力來自於其穩定社會的作用。社會學及政治學的分析中，認為有效控制人民的期望是維持社會穩定的重要因素。假若人民的期望與現實有很大落差，人民會感到不滿而反抗。合法博彩的存在，可以利用人民的僥倖心理，令他們長期對未來懷有期望，那麼即使今天碰上霉運，明天可能會中彩票，自然不會貿然弄垮社會秩序。

假如香港賽馬會在政治上真的發揮了穩定作用，難怪英國皇室也要賜予"英皇御准"的名銜，可惜回歸後已再沒有這種封號了。

---

37 資料源自香港賽馬會的網頁 http://www.hkjc.com/home/chinese/index.asp

香港賽馬會發展時序簡表

年份	事件
1844 年	開始有賽馬活動
1846 年	跑馬地馬場於 12 月首次舉行賽馬
1884 年	香港賽馬會成立
1891 年	香港賽馬會開始接受投注
1918 年	跑馬地快活谷馬場大火，500 多人死亡
1927 年	開始容許華人成為香港賽馬會成員
1931 年	引入"馬票"向公眾發售
1959 年	獲封"英皇御准"的名銜
1976 年	引入"六合彩"
1978 年	位於沙田的第二個馬場啟用
1993 年	創立"英皇御准香港賽馬會慈善信託基金"更系統地支持香港的慈善事業
1996 年	改名為"香港賽馬會"
2003 年	引入足球博彩

087 城市論壇

　　把《城市論壇》放在本部分，讀者或許會認為有點奇怪，
《城市論壇》不是香港電台的一個老牌節目嗎？與這裏提到的
政黨、民間團體在本質上不是有很大分別嗎？《城市論壇》當
然不能被理解為一個團體，但卻反映了不同團體的發言空間及
發言權。今日不少人因為討厭了該節目出席者的互相指罵及唯
我獨尊的態度，而早已不再收看。不過，觀看今天的《城市論
壇》卻有另一番意義，最少能讓我們比較社會上不同人士的言
論空間，而反思香港的言論自由到底有多真實。

　　《城市論壇》在 1980 年 4 月 13 日啟播，當時希望把節目的
舉辦場地——**維多利亞公園**打造成英國倫敦著名的海德公園，
讓不同人士可以就不同的社會議題發表意見，
令政治日趨開放的香港有更多公眾的言論空
間。節目在每個星期日中午 12 時在維多利亞公
園舉行，其後亦間歇地移師到其他地方，如沙
田中央公園。[38] 每次均會邀請政府官員、相關團
體在台上發言，台下則有市民及中學生發表意
見。這個佈局及運作直到 90 年代開始出現變
化，究其原因，最主要是"維園阿伯"的出現。

> **維多利亞公園**：維多利
> 亞公園佔地 19 公頃，
> 建於 1954 年，1957 年
> 啟用，其以英國 19 世
> 紀佔領香港時的女皇維
> 多利亞來命名，在公園
> 的正門擺放了她的銅
> 像。不少政治活動，如
> 六四燭光晚會、七一大
> 遊行都在這裏舉行，令
> 公園多添一分政治色彩。

維園阿伯

　　所謂"維園阿伯"，是一羣《城市論壇》的長期現場觀眾（不
能說是支持者，因為他們與港台的立場對立），他們當中有一
些人喜歡在節目中發表支持政府的言論，另一些更激進的則喜

---

38 資料源自香港電台電視部的網頁 http://www.rthk.org.hk/rthk/tv/city_forum/

歡自備揚聲器，而在發言時亦經常夾雜粗言穢語，騷擾節目進行。其實，在"維園阿伯"出現前，已有被坊間指貌似武打明星的"中環洪金寶"經常在節目中發表意見，更曾被傳媒追訪報導。不論是今天的"維園阿伯"，還是以往的"中環洪金寶"都反映了社會上弱勢社羣，不論是長者或知識水平比較低的人士，在社會的發言空間十分狹窄，他們沒有自己的報章專欄，並不是知名人士，並不會受到傳媒的追訪。雖然現今互聯網科技已十分發達，網上有萬千討論區容許他們發表意見，但奈何這班人多沒有科技知識，也沒有足夠金錢，因而被剝奪了發言權，而只有每星期苦候那寶貴的 45 分鐘。這樣的發言空間可說是弱勢社羣的悲哀，亦是香港號稱自由城市下所面對的問題。

維園阿哥

"維園阿伯"在《城市論壇》左右了大局十多年，在 2010 年出現了對頭人，亦是接班人的"維園阿哥"。起初他們是一種沒有組織的行動，純粹為了製造抗衡"維園阿伯"的言論，但因而聲名大噪，漸漸凝聚了一班反政府立場的常客。而其他政團的年青一代亦覬覦這種免費的電視宣傳機會，紛紛仿效，把《城市論壇》轉變為另一個政黨論壇。其實，這些年青政治人物有其網上言論陣地，在網上亦有更自由的空間，但卻要老遠跑來發表 30 秒言論，除了說明傳統傳媒不死外，其實，跟"維園阿伯"的現象是一體兩面，因為網上根本接觸不了一班知識水平有限，缺乏金錢的弱勢觀眾。

相對於"維園阿伯"及"維園阿哥"，特區政府的官員及親政府的政客在受到"維園阿哥"的言論衝擊後，已拒絕出席節目。他們這一種傲慢的態度，讓我們思考香港社會言論空間與權力的關係。

088 香港大學民意研究計劃

　　2008 年 7 月，前任行政長官曾蔭權在立法會答問大會上回應議員有關政府民望的質詢時表示民望對他而言只是如浮雲，擺出一副毫不着緊的態度。然而，這是否曾蔭權的心底話呢？還是擺一擺姿態，以顯示政府的強勢，不會受民意左右呢？幾年下來，我們應該可從曾蔭權政府的施政中找到一些蛛絲馬跡。

香港大學民意研究計劃調查

　　香港有不少機構對政府的施政或政策進行民意調查，在政府內部有中央政策組從事這項工作，估量市民對政府政策的反應，甚至是對官員去留的意見，例如有傳媒消息指中央政策組曾對財政司司長曾俊華應否下台做過民意調查。而一些政黨亦會就政策進行民意調查，以掌握投票的意向。但要數在市民心目中最具權威性的政府民望調查，當數香港大學民意研究計劃的調查。該計劃由鍾庭耀博士主理，自香港回歸後一直對特首、主要官員及立法會議員的民望定期進行調查，並得到傳媒的廣泛報導，是香港民意的寒暑表。其實，同類調查在西方民主社會亦十分普遍，甚至有指政府及政黨在大大小小決策前必定先做民意調查，再決定本身的立場，因此民意調查真的可以左右政府的施政，不再是浮雲。然而，有人質疑這種做法會令政府失去權威及判斷力，而民意調查往往不代表真正民意，政府依其行事，可能與民意相違背。

民意調查之利弊

　　事實上，由民意調查來統治社會，可能十分危險。民意調查可以十分客觀，真實地反映民意，但亦可能被有心人利用，透過抽樣及問題的設計引導市民給出調查機構想得到的答案，製造民意。這種做法，在各個利益團體、政治組織及政府的民意調查可謂司空見慣。例如 2010 年在申辦 2023 年亞運期間，浸會大學的體育學系做了一次民意調查，訪問了 5,000 多位小學生，有 76% 支持申辦。從表面上看來似乎佔了大多數，但是卻沒有正視小學生根本不會考慮是否合理運用資源等問題。所以盲目相信民意調查的結果，跟從其行事，可謂十分危險。那麼，難道真的要視它如浮雲嗎？

思考一件事，當然不用從一個極端走到另一個極端，民意調查若能客觀公正，是十分有參考價值的，特別是對香港這個未全面民主化的政體而言。由於政府不是民選產生，我們更加需要透過各種方法了解民情，以豐富政策的內容，迎合市民的需要。通過政府或個別官員民望的高低，政府可以知道當時推出的某些政策是否得到羣眾的支持，從而作出政策上的調整。而從政府過去數年的施政，我們可以猜測"浮雲論"到底是真還是假？例如 2011 年的財政預算案紓困措施不足，即時惹來市民的反感，財政司司長的民望大跌，政府需要即時調整政策，實行"派錢"方案。

> **鍾庭耀事件：** 在 2000 年 7 月，香港大學民意研究計劃主任鍾庭耀在兩份本地報章撰文指當時的特首董建華通過第三者向其施壓，要求停止有關政府及行政長官的民望調查。事件經傳媒廣泛報導，引起公眾及立法會的關心，最後港大校董會成立小組對事件進行聆訊，涉及事件的包括港大正、副校長、鄭耀宗及黃紹倫，還有董建華的特別助理路祥安。結果鄭耀宗及路祥安先後離職，事件才告一段落。

而政府若真的不重視民意調查，亦不會出現 2000 年的"<u>**鍾庭耀事件**</u>"，董建華涉嫌干預港大民意研究計劃的特首民望調查，結果揹上干預學術自由的罪名，令民望進一步下滑。

民意調查不應該成為政府施政的指揮棒，但是政府亦不可以蔑視客觀及具權威性的民意調查，不作任何政策調整，反過來壓迫民調機構，那麼，只是掩耳盜鈴，自欺欺人罷了。

089　香港傳媒

　　傳播媒介在現代社會的政治影響力備受重視，故有所謂 "第四權" 的尊稱。"第四權" 意指公權力（public authority）中的行政、立法、司法以外的第四個權力；亦有另一個說法指傳媒是社會的第四階層，即英國國會內三個階層（神職人員、貴族及平民）以外的 "第四階層"，是社會的重要力量。不論是 "第四權"，還是 "第四階層"，傳媒的天職是獨立地監察政府的運作，其重要性不言而喻，但是香港傳媒近年的公信力備受質疑，港大民意研究計劃在 2011 年 4 月底公佈的傳媒公信力評分，創三年新低，[39] 反映他們的影響力大不如前，甚至被嘲笑為 "冇牙老虎"，歸根究底，問題來自其日趨商業化的運作。

文化人的傳媒年代

　　過去香港的傳媒，特別是文字傳媒，有文人辦報的傳統，即由文化人或知識分子擁有及管理傳媒，例子如《明報》的查良鏞、《信報》林行止等。他們強調傳媒作為社會公器有其社會責任，帶領社會進步或主持社會正義等，有本身的立場，不會因為利益而向財團及權貴低頭。但是，這種風氣在這十多年有重大的轉變，文人辦報已成歷史，換上的是商人辦報，以利潤最大化為目標，因此，對商業機構及權貴往往會維持良好關係，傳媒的獨立性日受質疑。

39　資料源自香港大學民意研究計劃網站 http://hkupop.hku.hk/chinese/

商人的傳媒年代

香港在商人辦報的大趨勢下出現兩個極端的現象，但是殊途同歸，目標都是為爭取利潤而犧牲公信力。一些傳媒為了打開內地的市場，與中央政府打好關係，對一些敏感話題不予報導，採取"**自我審查**"的做法，香港記者協會言論自由年報多年來已指出此問題，例如對六四燭光晚會的報導總被某些報章放在較次要的位置或縮短篇幅。[40] 而無獨有偶，這些傳媒的老闆都受中央政府重用，如獲委任為政協常委或到中央參觀國慶儀式等。而對於特區政府，部分傳媒為了得到新政策的獨家報導，以增加銷路，而與政府官員及大財團維持良好關係，採取"小罵大幫忙"的做法，甚或替他們解圍。

另一個極端是以市場為首要考慮，為滿足讀者的好奇心，不惜放下報格，無所不用其極，派狗仔隊跟蹤、侵犯私隱等。雖然偶爾能揭出事實的黑暗面，例如高官、議員家居僭建成風，知法犯法等。但是採訪手法鄙劣，令人反感，更不時被揭偽造新聞等情況，嚴重影響公信力。

傳媒為了利益，不單放棄了報格及專業精神，更重要的是犧牲了公眾利益，由"第四權"變為"冇牙老虎"，未能代市民監督政府，後果可能是政府貪污腐敗成風，或是社會完全沒有道德規範可言。傳媒應趁香港還有言論自由，儘早回頭是岸。切實做好新聞工作，捍衛傳媒的公信力。

自我審查：香港回歸前市民一直擔心回歸後會失去新聞自由，傳媒受到政府操控，被指令刪除某些對政府的負面報導。結果以上憂慮並沒有出現，但情況好不了多少，因為不用政府指示，傳媒已自動獻身，刪除一些令政府不悅的敏感內容，被視為"自我審查"。

40　資料源自香港記者協會網頁 http://www.hkja.org.hk/site/portal/Site.aspx

中央與特區

在現今的國際社會，國與國之間關係密切，唇齒相依，政治與經濟的互動頻繁，更何況是中央與地方的關係呢！香港作為中華人民共和國的一個特別行政區，雖然擁有比國內的其他省、市較特別的地位，有本身的政治及經濟制度，但是，實際上仍有不少事務是需要與中央政府溝通。特區的重大事務，中央政府仍牢牢控制了最後決定權。

在本部分，會先討論一些在實質政治方面對香港特區有決策權的機構。眾所周知，在內地強調中國共產黨領導的政治體制下，中央港澳工作協調小組發揮了實際政治決策的功能。當然，有關工作需要進一步落實，中共中央統一戰線工作部（簡稱統戰部）便發揮了團結親中力量，推展政治工作的功能；而正式的法律程序，則由全國人大常委會負責。

此外，為了執行在《基本法》中，中央負責的各項政策，中央政府亦在香港成立了數個組織。最基本的國防及外交，交由解放軍駐港部隊及外交部駐香港特別行政區特派員公署分別負責。此外，在中央與特區的溝通協調工作方面，則有中央人民政府駐香港特別行政區聯絡辦公室及國務院港澳事務辦公室。這些機構在回歸初期傾向比較低調，以免影響香港的高度自治，但是，在 2003 年後，情況似乎有所改變，在內文中會再深入探討。

當然，溝通是雙向的，全國性的政治制度亦提供渠道讓港人可以就內地的事務發表意見，目前香港有 36 位全國人大代表及 100 多位全國政協委員及常委。但由於代表產生辦法的限制，一般香港市民若要參與，仍有一定難度。

　　過去有關中港關係的討論多集中在政治方面，但是近年這種情況已漸漸起了變化，中港經濟融合逐步受到注意。因此本部分亦會論及十二五規劃、內地與香港關於建立更緊密經貿關係安排及粵港合作聯席會議等題目。然而，我們在討論中港經濟融合對兩地的經濟效益之餘，亦應關心其政治效果。畢竟，在現今社會，政治與經濟已經不能截然分開。

中央港澳工作協調小組

香港人在回歸後經常以 "阿爺" 來形容對香港有最終話事權的中央政府，但是中央政府的官員那麼多，又那麼複雜，到底誰是真正的 "阿爺" 呢？是來香港吃蛋撻的國務院港澳事務辦公室主任王光亞，或是經常在電視上看到向港人宣佈重大政策的人大常委會副秘書長喬曉陽，還是有更高層的政治領導負責香港事務呢？

其實，所謂 "阿爺" 在回歸後經歷了三個負責的領導人及兩個不同的階段，當中的轉變主要是由於香港政治形勢的變化而成。所謂兩個階段是指 2003 年香港 7 月 1 日 50 萬人大遊行之前後。

在此之前，有負責港澳事務的最高負責人，即前副總理兼中共政治局委員錢其琛，但卻沒有明確的組織，最少在公開的宣傳中沒有列明主管港澳事務的決策組織。然而在 2003 年七一大遊行後，中央港澳工作協調小組成立，是一個中國共產黨中央的工作小組，由前國家副主席，即**中共中央政治局常委**曾慶紅所領導；再於 2007 年隨着中共領導人換屆，由當時的國家副主席、中共中央政治局常委習近平出任組長。一般估計在中共十八大後小組的領導亦將會更替。

中共中央政治局常委：中共的全國黨代表大會一般五年舉行一次，在 8 千萬黨員中選出 3 千多人成為代表，而這 3 千多人在會內的一項主要工作，就是選出中共中央委員會的約 200 名委員及 100 多名候補委員，在中共新一屆中央委員會組成後，會選出約 20 人的中央政治局委員，當中九人出任政治局常委，主管各項重要工作及出任重要職位，例如溫家寶在 2002 年當選政治局常委，翌年三月的全國人民代表大會便選出他出任國務院總理。而政治局常委的人數亦隨着需要而有所增減，十七大時是九人，但是十五大時則只有七人，與十八大相同。

七一遊行前

　　其實，早在香港回歸前，時任中國外交部長的錢其琛負責香港回歸的事務，是香港特別行政區籌備委員會的主任委員，對香港回歸的主要決定有話事權，並延續至 2003 年。當中最能反映錢其琛的決策地位的，是在回歸前即 1995 年，他高調宣佈《香港涉台問題基本原則與政策》，簡稱"錢七條"，強調台港文化、經濟等交流在回歸後維持不變，但是任何涉及台港官式的活動須經中央批准及堅持"一個中國"的原則。而香港在回歸後的首六年，中央政府對香港基本上能堅持高度自治的原則，除了重大的人事安排外，表面上不會對香港事務作出干預。例如 1999 年的人大釋法解決港人內地子女居留權的問題，都是由特區政府主動提出，中央出手"拆彈"。所以錢其琛在回歸後對香港事務並沒有高調的舉動，一切留待董建華自己處理，直至中央認為香港的情況已超出他們的預期，干預的手法才越來越明顯。

七一遊行後

　　2003 年 7 月 1 日的大遊行之後，董建華政府在羣眾壓力下撤回了《基本法》二十三條的立法草案。令中央政府醒覺，管治香港不是他們想像中那麼簡單，若放手不理，其"失控"程度可能會超出他們的容忍底線，遂開始調整對香港的管治策略，加強對香港事務的干預，而策略的調整需要制度的配合，於是成立了中央港澳工作協調小組，由當時的國家副主席，中共中央政治局常委曾慶紅任小組組長，規格明顯比之前的副總理、政治局委員錢其琛要高。而小組亦設有兩名副組長包括當時的港澳辦主任廖暉及中共統戰部長劉延東。自此以後，中央政府高調介入香港事務，包括由曾慶紅接見社會各界、政黨的代表團等。一般估計包括 2004 年的人大釋法剝奪立法會在政制改革的主動權及決定權及 2005 年 3 月董建華下台、曾蔭權上台等，都是由曾慶紅領導的小組決定。當然，其間對香港事務的最大調整就是趁香港經濟低迷，透過經濟利益的輸送，令香港對內地產生經濟依附，加強對香港的控制。

現任領導人

在 2007 年 11 月隨着中共 17 屆全國黨代表大會的召開，中央領導人換屆，曾慶紅離開中共中央政治局常務委員會，中央港澳工作協調小組的領導工作交到現任國家副主席、中共中央政治局常務委員習近平的手上，令他成為新的 "阿爺"。他自上任以來，對香港事務沒有特別明顯的動作，最令人印象深刻的是提出行政、立法、司法的 "三權合作論"，令過去一直堅持三權分立，互相制衡的港人感到難以接受。正如港澳辦主任王光亞在上任時提到香港是一部難以讀懂的書，習副主席還是要在百忙之中抽點時間讀一讀，盡其 "阿爺" 的責任。

091 統一戰線

中國共產黨的革命得以成功，有所謂"三大法寶"，即"統一戰線"、"武裝鬥爭"、"黨的建設"，後兩者在處理香港回歸的問題上較少用到，但"統一戰線"，即簡稱的"統戰"卻在整個回歸過程中派上用場。

所謂"統一戰線"其實是一種十分實際及功利的策略。在政治鬥爭中需要認清主要敵人，聯繫一切可以合作的人，包括次要敵人，並對主要敵人進行打擊。所以在建國之前，中國共產黨不單團結了工人、農民，更聯合知識分子、民族資本家、小資產者，甚至前國民黨的將領，以達到孤立國民黨這個主要敵人為目的。對於當時強調理想、原則的共產黨而言，能夠執行如此實際的策略，難怪最後可以得到勝利。在建國後，中共仍然十分重視統戰工作，把革命時期的**"中共中央統一戰線工作部"**改組為"中共中央統戰部"，置於中國共產黨中央委員會之下，是一個黨的部門。

> **中共中央統一戰線工作部：**1938年中共中央決議在區委以上地方各黨委設立統一戰線工作部，負責執行中央的統戰工作，並團結各政黨、民族、宗教、港澳台及海外僑胞等。在1948年成立中央統一戰線工作部，現任統戰部長為曾計劃。[41]

隨着近年多部香港政壇名人回憶錄的出版，令讀者更清楚知道中共早在50及60年代已積極通過一些文藝組織將香港的"愛國愛港"人士團結起來，支持內地的建設。但是，更明顯的統戰工作則發生在80年代香港前途問題出現之後，中共需要團結香港人支持香港回歸及之後的管治工作。

---

41 資料源自中共中央統一戰線工作部的網頁 http://www.zytzb.cn/

　　在支持回歸，順利過渡的工作上，中共清楚明白到最大的障礙在英方，當時香港基本上沒有人在民族團結的大原則下公開反對回歸，只有部分人士要求在回歸的同時，實行民主制度。但是，英方在最初階段卻一直堅持三個不平等條約的有效性，即使最後屈服，表示承認中國對港的主權，但仍提出"主權換治權"的說法，可見英方在回歸過程中是與中共處於敵對關係。

　　為了統一戰線，中方對不同意見人士仍採取團結的態度，例如在《基本法》起草委員會中仍委任了積極爭取香港民主的司徒華及李柱銘加入，直至 1989 年的"六四事件"後才決裂。然而，中共亦同時明白到公務員及工商界對穩定香港非常重要，所以即使在回歸前，公務員及工商界仍在為港英政府服務，或與港英政府維持良好的利益關係，中共的高層官員仍多次接見他們的代表團，並在具體政策方面予以保障，例如在《基本法》內加入保障公務員回歸後待遇不變的條文，及保證香港原有的資本主義不變。

　　及至後過渡期，即《基本法》通過至回歸為止，隨着中英雙方因為興建新機場及"彭定康政改方案"而交惡，中方為了保證順利過渡，更加需要團結香港各方面可接受的力量，所以除了一些已被認定是彭定康支持者的民主派外，願意與中共合作的社會人士皆被統戰，包括一些前港英的重要支持者如前行政局首席非官守議員鍾士元及前立法局首席非官守議員李鵬飛等，均在 1992~1995 年間分別被委任為港事顧問，在這 187 名被委任的人士中，還有一些當時知名的民主派人士，如民主黨前副主席、現任行政會議成員張炳良及民協前

主席馮檢基等。可見對中共而言，只要是能協助平穩過渡的
人士，在統戰策略下都願意放下對民主發展的不同政見而加
以團結。

至於回歸後，英方作為主要敵人的年代雖然已過去，但是
中方的統戰工作並沒有停止，因為中方認為香港要穩定發展的
話，仍要面對外國勢力及香港民主派的"干擾"，因此仍需要
團結香港的"愛國、愛港"人士，回歸後中方仍組織不同人士
到北京訪問；同時，前一任中共中央統戰部長劉延東亦曾到訪
香港，與親政府人士會面。而在回歸後，中方統戰工作最成功
的一役是 2010 年的政改方案，中方透過中聯辦與香港部分民
主派談判，而成功孤立激進民主派，最終令政改方案在經過修
改後獲得通過。

中共的統戰工作似乎十分成功，明白到團結就是力量的
道理，這是一眾社會抗爭人士應好好反思的地方。

092 人大常委會

這裏所指的"生殺大權"並不是指最後決定權，正如前文已有提及，現時對香港事務擁有最後話事權的是中央港澳工作協調小組。"生殺大權"是指憲制上的地位，人大常委會對香港特別行政區有最後的決定權。中華人民共和國是由中國共產黨領導，中共對所有政治事務皆有最終決定權，但是這只是現實情況，在憲制上，中國實行**人民代表大會制**，所有決定法律上是由人民的代表所組成的人民代表大會所決定，再由國務院去執行，就香港事務而言亦沒有例外。

綜觀回歸後多次中央干預香港事務的事件，主要都是由人大常委會出手，當然背後決定的是中央港澳工作協調小組。讀者或許會問，中央政府國務院之下，不是有一個港澳事務辦公室嗎？為甚麼不是由其執行呢？況且港澳辦主任還是中央港澳工作協調小組的副主任。不以港澳辦干預的主要原因，是該辦乃行政部門，而且地位從制度上不比香港特區政府為高，要他們介入香港的重大事務似乎不合體統，這在另文將會討論。相反，人大常委會具憲制地位，以其執行干預政策，引起的反彈仍然是大，但總比國務院之下的行政部門好。

> **人民代表大會制度：**中華人民共和國實施全國人民代表大會制度作為根本的政治制度，由人民通過直接選舉選出縣級或以下的人大代表（在參選權方面有一定限制），再由他們選出省級及全國人大代表。全國人大代表有2、3千人，每年第一季開會，討論人事、政府工作報告、立法提案，在憲制上集中了所有權力。但是由於代表數目太多，而每年只開一次會議，故平日的職務由人大常委會負責，現時的成員人數為175人，由全國人大代表互選產生，約兩個月開會一次。

　　過去人大常委會對香港事務的干預主要在三次釋法方面，在前文已討論過，不贅。然而，所謂"生殺大權"並不止於釋法，人大常委會對香港還有其他更厲害的"殺着"。假如大家對 2003 年有關《基本法》二十三條立法還有記憶的話，當時建制派的一些激進人士曾提出，假如香港立法會否決就二十三條立法，可以直接把內地的《反分裂法》援引到香港實施。因為目前《基本法》附件三已列出了一部分在香港實施的全國性法律，例如有關國旗、國徽的規定等。根據《基本法》第十八條人大常委會可以在徵詢香港特別行政區基本法委員會及特區政府意見後，對附件三的條文進行增減，不過有關條文須是國防、外交及不屬於香港自治範圍的事務。因此，人大常委會可以變相為香港特區立法。

　　此外，《香港特別行政區基本法》的修改權屬於全國人大，而當中有三類人士可以提出修改，包括人大常委會、國務院及香港特區，前兩者可以單獨提出，但是香港方面則要"過三關"，即要立法會三分二議員通過、行政長官同意及由香港特區的全國人民代表大會的代表團向人大提出，難度可謂極之高。相反，人大常委會若要透過修改《基本法》來改變香港的制度，真的輕而易舉，所謂"生殺大權"，正在於此。

　　當然，在維護香港"高度自治"的莊嚴承諾下，貿然對香港的重大體制作出翻天覆地的改革，相信仍有一定難度，但是在《基本法》附件三加多些全國性的法律規管香港特區，或是要求提請人大常委會釋法的聲音等，在這回歸後的十多年還是不絕於耳。香港人應該明白香港獨特的地位得來不易，切勿為了一些法律爭議而斷送高度自治。

回歸後港區全國人大代表選舉會議的組成

共有三個成分

1. 上一屆港區全國人大代表選舉會議的成員

2. 當屆全國政協港區委員中非上一屆港區全國人大代表選舉會議的成員的香港特區中國公民

3. 當屆行政長官選舉委員會中非上一屆港區全國人大代表選舉會議的成員的香港特區中國公民

093　國務院港澳事務辦公室

國務院：國務院於 1954
年設立，是國家最高行
政機關，由總理、副總
理、國務委員及各部委
所組成，負責管理地方
政府，並向全國人民
代表大會負責。每年首
季的人大會議，國務院
總理都需要提交工作報
告，並須獲得通過。

國務院港澳事務辦公室（簡稱港澳辦）的
新主任王光亞在 2011 年年中接連兩次開腔評
論香港事務，先是以訓令的口吻指特區政府
若不解決房屋問題，將變為政治問題；繼而
在會見香港大專學生時，指香港的公務員只
懂接受命令，回歸後仍不知如何做好自己的
主人，矛頭彷彿直指公務員出身的前任行政
長官曾蔭權。

這些評論令人產生不少疑團，首先是有關說話有何目
的？陰謀論的憶測不作多談，但有另外兩個問題卻頗值得深
究：其一是港澳辦為何對香港的社會問題有如此精闢的見
解，甚至是特區官員，亦未能這樣一針見血；此外，更重要的
是港澳辦為何能凌駕於特區政府之上，對香港問題能公開地批
評呢？

港澳辦負責港澳社會研究

港澳辦在 1978 年成立，其工作性質基本以協調為主，例
如協調中央政府各部門及地方政府有關港澳事務的工作，聯
繫港澳行政長官，但是，近年卻加強了對港澳社會的研究工
作。過去港澳辦亦有就港澳事務向中央政府提供資訊，在港澳
辦之下設立港澳研究所，就港澳的政治、經濟、文化及社會作
出研究。

　　這在上世紀 80 年初香港前途談判之時可謂十分明顯，當時港澳辦兩位副主任李後及魯平經常就港英政府在香港的各項措施發表不同意見，反映中央政府密切監視香港的情況。然而，在回歸以後，中央政府要落實"一國兩制，高度自治"的承諾，對香港事務儘量少參與，由特首董建華自行決定，因此港澳辦對香港的研究似乎有所鬆懈。直至 2003 年 50 萬人上街反對《基本法》二十三條立法，港澳辦及國務院才明白對香港情況的掌握不足，不能只聽特區政府的彙報，遂在國務院國家發展研究中心下再度設立港澳研究所，雖然在制度上不在港澳辦的統領下，但由於以學術研究作為基礎，所掌握的資料更多，更能為國務院及港澳辦提供更詳實的資訊。

港澳辦增權因七一大遊行

　　港澳辦對香港影響力的加強，亦要由 2003 年的七一大遊行說起。正如文首提及港澳辦主要負責聯繫工作，在回歸前為了要對付英國這個主要敵人，所以姿態會高一點，經常批評香港事務，但在回歸以後已回到本身的工作範圍內，由特區政府實行港人治港。再者，在制度上而言，特區基本上與省、直轄市同級，屬於國家一級地方政府，與國務院的部委，即港澳辦是同一級，不存在統屬的關係，所以特區政府根本不在港澳辦的指揮之下。但是在 2003 年後，中央政府加強對香港的控制，成立了中央港澳工作協調小組，由中共中央政治局常委領導，當時的港澳辦主任廖暉出任小組副主任，令港澳辦在更高的決策層次上成為重要角色，對香港決策的影響力自然有所增加。再者，自 1997~2011 年年頭，港澳辦主任一職一直由廖暉所擔任，其同時兼任全國政協副主席，在內地屬國家領導人的級別，廖暉亦是開國元老第一任港澳辦主任廖承志之子，令他不論在制度上或是人脈方面都具有一定的影響力，地位甚至更遠高於"只想做好呢份工"的前任特首曾蔭權。

但是，王光亞既非全國政協副主席，亦與港澳事務沒有多大淵源，到底其能否駕馭特區政府？但是，千萬不要忘記，王是中共開國功臣，是能與周恩來等平起平坐的陳毅元帥的女婿，且在聯合國工作多年，對處理複雜的權力關係自有一套辦法。他盡力顯示對香港特區事務的"關心"，以確立港澳辦的領導地位，一點也不奇怪。

094 中聯辦

近年，香港社會流行一個説法，指香港是由"西環"管治，而非"中環"。這裏所指的"中環"當然是指特區政府，而"西環"則是指坐落西區的中央人民政府駐香港特別行政區聯絡辦公室(簡稱中聯辦)。中聯辦為何會被指為香港真正的管治者？可以從其歷史發展、地位及現實政治中加以探討。

中華人民共和國政府自成立以來，在香港一直沒有正式的官方機構，雖然英國政府早在 1949 年已承認中華人民共和國，比美國足足早了 30 年，但是，直至 1997 年 7 月 1 日回歸後，在香港成立中央政府外交部駐港特派專員公署，才是第一個正式的官方駐港機構(另文再討論)。究其原因，主要是中方不承認三個不平等條約，認為中方一直擁有香港主權，若在香港設立領事館，豈不是承認香港是英國領土？若設立其他中國官方正式機構，港英政府又不會接受，因此，只有利用一些半官方機構，從事官方工作。所以自 1947 年，便利用在香港設立的新華通訊社(簡稱**新華社**) 香港分社作為中共在香港的官方代表，而新華社香港分社的社長就是中央政府在香港的最高代表或話事人。直至 2001 年 1 月，新華社處理香港政治的部門才改組為中聯辦(另有處理新聞通訊的部門)，並搬到今日位於西環西港中心的辦事處。

新華社：新華社，全名新華通訊社，是中華人民共和國政府官方的新聞通訊社，專門向世界各地發放新聞訊息，成立於 1931 年，目前在世界各地有百多個分社，同時在內地各個省、直轄市及自治區都設有分社，除中文外，亦會以英文、法文等六種外文發稿。[42]

42　資料源自新華通訊社的網頁 http://203.192.6.89/xhs/static/e11273/11273.htm

回歸前的新華社

新華社作為中國政府在香港官方代表這一事實,在 80 年代以前,對一般市民而言,並不明顯,當時新華社主要接觸香港的親北京圈子,定期會見或作報告。直至 80 年代時,中英雙方就香港前途進行談判,在 1983 年新到任的社長許家屯,多次就英方的立場及治港政策提出批評,香港才意識到新華社在香港政治中的重要角色,及至 1989 年國內爆發民主運動,香港人遊行集會聲援,終點設在跑馬地一座不太顯眼的白色大廈,而那正是新華社的舊址。到 90 年代,中英就香港政制發展發生爭拗,當時新華社的各個副社長差不多每日輪流發炮批評彭定康,令新華社的角色更加明顯,充分反映其作為中央政府在港最高代表的地位。

回歸後的中聯辦

然而,在回歸初期,中央政府堅持"港人治港、高度自治"的原則,一般都不介入香港的事務,很少批評董建華政府的施政方針,中聯辦反而回歸本分,做回聯絡工作。但是,自 2003 年的七一大遊行後,中央政府調整了對香港的政策,加強經濟方面的支援,提出"自由行"等措施;政府方面則加強干預,而其中,中聯辦就扮演了重要角色。讀者或許會問,中聯辦不是負責聯絡中央與特區的嗎,為何可以從事政治工作?但是,只要細心研究中聯辦的職能,其中一項是"承辦中央人民政府交辦的其他工作"。[43] 這樣,便留下很大的空間讓中聯辦在政治上"有所發揮"。

---

43 資料源自中央人民政府駐香港特別行政區聯絡辦公室的網頁 http://www.locpg.hk/big/jgjj/

　　過去一直有傳媒報導指中聯辦參與協調香港內部的各項選舉工作，務求令親政府人士能在各級議會取得最多議席，為政府的施政保駕護航；同時，在立法會一些重大決策表決前亦會約會建制派的議員，說服他們必須支持政府。然而，這些都是秘密進行，沒有真憑實據，難以證明。不過，2010 年的政改討論就真的揭示了中聯辦在香港政治中的角色。邀請民主派商議協調方案的不是特區政府，反而是當時的中聯辦副主任李剛，反映出中聯辦在一些重大政治事件上，才是真的有決策權而非特區政府。事實上，不少親建制人士都明白到此政治現實，故有重要的政策建議，寧願先找中聯辦討論，例如新民黨的葉劉淑儀提出政府架構的改革方案，亦宣稱已與中聯辦討論過。

　　香港由“西環”管治似乎已成事實，難怪中聯辦研究部主任曹二寶在 2008 年在中央黨校的報告中提出建議香港設置直屬中央的“第二支重要管治力量”也似乎已接近落實，但是，香港市民不禁會問：“這樣一來，香港的高度自治到底還有多高？”

095　解放軍駐港部隊

　　2011 年 7 月 1 日前夕，解放軍駐港部隊罕有而高調地在
香港鬧市進行演習，重型裝甲車在彌敦道穿梭，路人都投以
好奇的眼光。有評論認為駐港部隊在"七一大遊行"前高調演
習，有其政治意義，希望提醒香港的社會運動參與者不要擾亂
秩序，否則解放軍絕對有能力遏止。姑勿論這個觀點是否點出
了駐港部隊是次行動的原意，但是在制度上解放軍駐港部隊的
確不只是在軍營開放日，做些表演那麼簡單，他們還有對外及
對內的各種任務。

建軍節：中國人民解放
軍的建軍節定於每年 8
月 1 日，但是這並不
表示解放軍在同一日成
立。1927 年 8 月 1 日
中共的二萬軍隊發起首
次武裝鬥爭，在江西南
昌向國民黨軍隊進攻，
是為"南昌起義"，中
共遂以此日為中國人民
解放軍建軍節。[44]

　　香港人對解放軍駐港部隊的認識可能只在
於七一回歸日或八一**建軍節**的軍營開放日，駐
港部隊會在石崗軍營或昂船洲海軍基地展示裝
備或做一些格鬥表演來娛樂市民。同時，亦有
參與香港的公益活動如捐血及賑災捐款等。解
放軍駐港部隊是一支由海、陸、空三軍組成的
合成部隊，轄下包括一個步兵旅、一個海軍艦
艇大隊，再加一個空軍航空兵團，雖然一直沒
有公佈人數，但可估計出甚為可觀。[45] 以這樣
的規模，不只是為每年娛樂市民兩、三次而設吧？

解放軍任務

　　事實上，解放軍駐港部隊的主要任務，一如過往的駐港英
軍，就是防備和抵抗侵略、保衞香港。今天，世界各國傾向以

44　資料源自新華網 http://www.news.cn/ziliao/index.htm
45　資料源自 http://zh.wikipedia.org/wiki/ 中國人民解放軍駐香港部隊

和平方式解決問題，要動用解放軍駐港部隊保衛香港，也許機會甚微，至少未必會再出現二次大戰香港被侵略的情況。當時香港各種兵力合計共 1 萬 5 千人，但仍然難敵日軍，結果令香港淪陷，開展三年零八個月的日佔時期。

除了抵抗外敵之外，解放軍駐港部隊亦會在特定時候有內部安全管理的工作。雖然香港內部的治安、秩序是由香港警隊負責，即使是反恐工作，亦不假手於解放軍駐港部隊，但根據《基本法》第十四條，"特區政府在必要時可向中央人民政府請求駐軍協助維持社會治安和救助災害"。此外，第十八條亦規定"全國人民代表大會常務委員會可以因為香港特區不能控制的危及國家統一或安全的動亂，而決定香港特區進入緊急狀態，中央政府可頒佈全國性法律在港實施。"按一般國家的運作，軍隊將在緊急狀態下接管該地區。

所以，評論認為解放軍駐港部隊在鬧市演習是向遊行人士發出警告，希望他們不要擾亂社會秩序，這種觀點實不無道理，而解放軍駐港部隊介入香港事務亦有其法律上的依據。問題是香港的示威、遊行一向以和平方式進行，即使較激烈的行動，亦不過是堵塞馬路數小時，特區政府絕對可以自行處理，亦不會危害國家統一及安全。若真的因為有三數十萬人上街示威，而要動用解放軍駐港部隊在街頭演習，似乎是誇張了一點。這樣，反而令人擔心香港的言論、集會自由會否進一步受限制，而激起更大的對抗？

096 中華人民共和國外交部駐香港特別行政區特派員公署

外交部：全名中華人民共和國外交部，是中央政府國務院內負責外交事務的機構，負責制訂及執行政府的外交政策、戰略及方針等。在外交部之下共有 28 個司、局等機構，負責不同範疇的工作，例如亞洲司就是負責與亞洲有關的外交工作。中華人民共和國外交部的第一任外交部長為周恩來。

中華人民共和國外交部駐香港特別行政區特派員公署(簡稱：特派員公署)跟中聯辦及解放軍駐港部隊都是中央政府駐港的重要機構，有其特定的職責，但是一般人對特派員公署的工作卻一無所知，甚至認為公署比駐港解放軍還要神秘。為何特派員公署會予人以上印象，而特派員公署的工作又是否真的與香港一般市民無關的呢？

稍有留意新聞報導的市民，或許會知道特派員公署坐落於金鐘半山的麥當奴道，若只從地理位置分析，得到特區政府撥出貴重地皮興建辦事處，其重要性應非一般。加上，特派專員公署的負責人，即特派員一般在未調任前為中央政府外交部的副部級官員，其地位應當與中聯辦差不多。然而，他們的具體工作是甚麼卻不是一般香港民眾所能掌握。正如《中英聯合聲明》指出在"一國兩制，高度自治，港人治港"之下，特區政府管理特區內部的事務，而國防及外交則是中央政府的責任，以體現中國對香港行使主權。因此國防方面由解放軍駐港部隊負責，外交則在《基本法》列明在香港特區成立專門機構處理。

而特派員公署，正是處理香港對外事務的機構，其在 1997 年 7 月 2 日正式在香港特區成立。主要工作由屬下的部門負責，包括：

1. 政策研究室：研究、處理外國政府及國際組織與香港的關係；

2. 國際組織部：負責特區政府與國際組織的聯繫工作；

3. 條約法律部：處理香港與外國的協議及條約；

4. 領事部：辦理外國人及台灣人經香港到內地的手續；

5. 新聞處：除發放公署的消息外，亦處理外國記者到內地採訪的申請及本地記者採訪國家領導人的申請。[46]

綜觀各項工作，似乎與香港市民的日常生活無關，香港市民對中國外交部駐港特派專員公署理解較少，亦是正常不過的事。

中國外交部駐港特派員公署與香港人的關係

然而，特派員公署的工作是否真的與市民一點也沾不上邊呢？特派員公署其中一項工作是處理國際條約及協議，香港作為一個開放型的經濟體系，與世界各國簽訂不少貿易協議，在商討的過程中，除特區政府官員外，特派員公署亦會參與條文研究。此外，一個比較具體的例子就是，香港人若在外地發生重大事故，如 2011 年年初埃及政治動盪，有香港旅行團在該處滯留，特區政府可以經特派員公署與中央政府外交部聯絡，再與當地政府商討相關的安排。所以一個平日不太顯眼的組織，在特定時候可能十分重要，與港人的關係可以突然密切起來。

---

46 資料源自中華人民共和國外交部駐香港特別行政區特派員公署的網頁 http://www.fmcoprc.gov.hk/chn/

事實上，在今天日益複雜的世界，外交與內政互為影響，令特派員公署在香港的工作似乎比以往更受港人注目。例如特區終審法院在六月提請人大釋法就是一個好例子，事件原來涉及剛果民主共和國政府與美國一間商業機構的錢債糾紛，由於涉及一個主權國家，特派專員公署曾去信法院，要求終止聆訊，因為在內地一直奉行主權國家有絕對豁免權，不受別國法庭的審訊。特派員公署的高姿態，也引起市民擔心中央政府干預香港的司法獨立。

097 港區人大代表

正如前文有關人民代表大會制度的文章提到，在憲法上中國的政治制度以全國人民代表大會為權力的來源，因此人大代表的憲政地位十分重要，在會議期間會決定行政及司法部門的人事安排、通過法律的提案及政府工作報告等，而在休會的期間會負責監督政府的工作，向行政當局反映人民的意見。而香港市民過去 60 多年，亦有參與這個最高國家機關的工作，以體現香港作為中國的一部分。

在回歸前，香港的人大代表是以廣東省代表團的身分出席，而在回歸後則以獨立的香港特區代表團的身分參與。然而，香港及澳門作為一個特別行政區，由於實施一國兩制、高度自治，所以在人大代表的產生及代表的職責上與內地省市的情況有所不同。

內地省市的全國人大代表

內地省市的全國人大代表是由下一級的人大代表間接選舉產生。例如廣東省的全國人大代表由廣東省人大代表互選產生，而廣東省的人大代表則由下一級的縣及市人大代表選舉產生，而縣、市或以下的人大代表則由人民直接選舉產生，當然，在提名方面有所限制，令一些中共不接受的人難以當選，例如候選人的正式提名需要經過討論、醞釀，不是人人都有機會獲提名。特別行政區全國人大代表的產生方法則與內地有所分別，特區只有全國人大代表，而沒有地方一級的人大代表，因此不存在由下一級互選上一級的情況。

港區全國人大代表選舉

香港回歸後經歷四屆的港區全國人大代表選舉，其選民的

遞補機制：人大的遞補機制類似現時特區政府就立法會議員議席出缺所提出的遞補方案，即若有人大代表因去世或各項理由而辭職，並不會進行補選，而是以得票最多的落選者補上。例如第十屆全國人民代表大會（2003~2008年）港區代表中，先後有李澤添、馬力、鄔維庸去世，便由梁秉中、黃保欣及何鍾泰遞補，並沒有經過補選。

人數隨着時間逐漸增加，至第十二屆全國人大已有 1600 多人。其選民的來源主要有三方面，第一是第十屆全國人大香港區的選舉會議成員，加上港區的政協委員及行政長官選舉委員會的成員，由他們選出 36 人作為香港全國人大代表，跟內地省市的全國人大產生方法有所不同，不過亦有些地方是相似的，例如位置出缺的**遞補機制**。

除了選舉方法外，港區全國人大另一個特別之處是在職責方面。在一國兩制，高度自治之下，中央政府希望提高特區政府的自主性，不想全國的制度干預特區政府的施政，所以港區全國人大代表作為國家制度的一部分儘量不干預特區的運作，不會在香港設立一個統一的辦事處，恐防予人一個錯覺，即香港在特區政府以外，還有另一個權力中心。因此，港區人大相對於內地省市的全國人大代表而言，對地方政府的監督工作較少，主要是協助港人就一些內地遇到的問題向中央政府反映意見，例如港人在內地遇上一些貪污腐敗的官員，而被欺壓，可以向港區全國人大代表投訴，但是投訴特區政府則不太合適，還是找立法會議員較為合理。

不過，了解中國政治運作的人士都會明白內地的制度終歸是由中國共產黨主導，全國人大的憲制地位雖然高，但也是黨的橡皮圖章，每年人大會議最有爭議性的題目，如最高人民法院及最高人民檢察院的工作報告，即使受到人大代表猛烈的批評，指兩個機構在反貪腐方面如何不力，最後還是讓報告通過。就這一點，不論是內地，還是港區人大代表都沒有分別。

098 政協委員

對於"國家領導人"是誰,可謂人言人殊,沒有明確的定義,一些人認為全國人大常委也是國家領導人,但亦有人把其剔除出來。然而,根據官方新華網的資料,國家領導人並不包括全國人大常委,但是人數亦不少,共有70人之多,當中包括了中國共產黨的高層及國家機關的主要負責人,[47]而香港亦有市民擠身國家領導人之列,他正是前行政長官,現任全國政協副主席的董建華。

在新華網的分類內,全國政協副主席亦被列為國家領導人,令不少非中國共產黨的人士亦可因為全國政協副主席的身分而成為國家領導人。為何全國政協可以容納那麼多無黨派或民主黨派的人士出任要職?這點要從全國政協的歷史及職能說起。

"政協"全稱為中國人民政治協商會議,而全國政協就是人民政協全國委員會,其組成是以政黨及人民團體為基礎,例如中國共產黨及中華全國總工會等。其在 1949 年成立,目的是讓不同的黨派、人民團體、海外僑胞等一同協

民主黨派:中國共產黨強調中華人民共和國是實行中共領導下的多黨合作制,即是中共的領導地位不容挑戰,但其他黨派的人士可以參政、議政。這些黨派包括在中華人民共和國成立前已存在的八個政黨,其在民國時期支持中共與國民黨對抗,同時願意在中共領導下繼續運作。當中包括中國國民黨革命委員會(民革)、中國民主同盟(民盟)、中國民主建國會(民建)、中國民主促進會(民進)、中國農工民主黨(農工黨)、中國致公黨(致公黨)、九三學社、台灣民主自治同盟(台盟)。

---

47 資料源自新華網 http://big5.xinhuanet.com/gate/big5/www.xinhuanet.com/

商、團結一致建設國家。在這個歷史背景下,參與的便不只是中國共產黨,雖然主要的領導仍然是中共的高層,例如2008~2013年全國政協的主席賈慶林是中共中央政治局常委之一。但是,在團結各黨派及海外同胞的統戰目標下,仍有不少無黨派人士參與領導工作,例如董建華及澳門首任行政長官何厚鏵,而民主黨派方面則有工農黨中央常務副主席陳宗興等。

政協職能及性質

除了政協成立的歷史背景外,其職能及性質都需要海外同胞及黨外人士的參與。全國政協的性質就是一種政治協商的制度,容許不同人士就國家的政治、經濟、社會及文化等方面進行協商討論,同時發揮民主監督及參政議政的功能,即是政協委員可以對中共所領導的政府工作提出建議及批評,同時參與議論國家發展的方針等。[48]由於要發揮力量參與議政及監督的工作,自然是由中共以外的其他人士負起這工作會較為合適,以避免"自己人監察自己人"。當然,更重要的一點是全國政協只是議政而沒有實權,中共便不用擔心黨外人士佔去全國政協的大多數,而阻撓政府施政。正是全國政協這種特別的功能及性質,令中共可以放心把董建華等非共產黨人士放進國家機關的領導層內。

對於港澳人士被選為全國政協副主席,而躋身國家領導人之列,近年一個熱門話題是前任行政長官曾蔭權能否步董建華及何厚鏵之後,在離任後出任全國政協副主席。有一種說法是過去香港也曾有霍英東及安子介同時出任政協副主

48　資料源自中國人民政治協商會議會國委員會的網頁 http://www.cppcc.gov.cn/

席，所以香港特區同時有兩位國家領導人在制度上應該不是問題。但是，假如港、澳的第二任特首都能在離任後當上政協副主席，成為一個慣例，在香港男性壽命平均 80 歲之下，日後港、澳地區豈非同時有六、七位國家領導人，那麼，如何向國內其他省市交代？再者，曾蔭權的背景始終與董建華及何厚鏵有所不同，其英國殖民地背景加上沒有父輩留下的人脈、地位，能否成為另一位國家領導人還是未知之數。

十二五規劃

社會主義國家在過去一般會實行所謂 "計劃經濟",意即由政府直接干預國家經濟的運作,規劃未來數年國家的生產、資料分配及消費的情況。例如在 50、60 年代時,中國大陸不論是國營企業還是私人企業,其生產量都受到由政府操控的原材料供應及價格所影響;到了 80 年代改革開放後,嚴格及直接的控制雖然已逐步取消,但內地政府至今仍不時對各種經濟活動進行宏觀調控,最明顯的,就是為了帶動經濟生產而刺激內部需求,實行 "家電下鄉" 的措施,由中央政府補貼農民購買家電;另一方面,亦限制大城市的房地產價格。

這些干預措施在過往的香港是難以想像的,因為在一國兩制下,香港實行資本主義制度,以市場經濟為主,政府一般不會介入市場。但是,情況在過去數年出現了明顯的變化。近年中國經濟起飛,相反香港卻面對經濟轉型的困境,一些人開始提出香港要積極尋找在中國經濟中的角色,因此有需要加入內地的經濟規劃之中,否則將會錯失機遇。此外,在 2003 年 "沙士" 後,中央政府對香港提供各種經貿合作措施,令香港經濟與內地唇齒相依,更促使香港要參與內地的 "十二五規劃"。但何謂 "十二五規劃"?而香港在當中的角色是甚麼?香港在融入內地的規劃上,又面對着甚麼根本的困難?

"十二五規劃" 內容

"十二五規劃" 即是中華人民共和國政府的第十二個<u>五年</u>

計劃，全稱是"中華人民共和國國民經濟和社會發展第十二個五年規劃綱要"。其目的是要對國家未來五年的大型建設項目、生產力分佈和國民經濟的比重進行規劃，為未來發展定下目標。"十二五規劃"是指由 2011~2016 年的發展規劃，目標除了進一步發展經濟外，亦重視社會建設。有關綱要已經在 2011 年的全國人大會議獲得通過，內容共分 16 篇 62 章，由高科技至農業、文化至環境保護等，包羅萬有。

在"十二五規劃"中，港澳地區的發展首次被列為其中一個章節，綱要第 14 篇第 57 章的題目為"保持香港澳門長期繁榮穩定"。[49] 而前任行政長官曾蔭權亦指出，"十二五規劃"中有三點是與香港特區有關的，除了特別加插章節討論港、澳外，另外兩點是明確指出要鞏固香港作為國際金融中心的地位；最後，是強調粵港澳的合作，積極把三地發展為國際級的城市羣。從這三點可以預見香港將進一步融入國內的規劃之內。

> 五年計劃：中華人民共和國在成立後學習蘇聯的計劃經濟，在 1953 年開始實施第一個五年計劃，接著是 1958~1962 年的第二個五年計劃，期間由於 1958~1961 年因為"大躍進"而引致嚴重的經濟問題，第二個五年計劃結束後停頓了三年才在 1966 年展開第三個五年計劃。直至 2011~2016 年已是第 12 個五年計劃。而政府的干預亦已改為宏觀的規劃，所以自 2006 年開始把"計劃"改為"規劃"，成為"十一五規劃"。

"十二五規劃"在香港推行

然而，香港仿效內地加強規劃，在香港的現行制度下是否可行呢？內地雖然實行了改革開放 30 多年，但是在政治上

高鐵事件：2009 年底特區政府把興建廣深港高鐵香港段的撥款申請提上立法會財務委員會，結果引起社會人士的強烈意見，更有上萬人包圍立法會。以 80 年代出生的青年人為主的社會運動人士認為政府興建大型運輸設施破壞環境及剝奪市民規劃社區的權利；受收地影響的村民認為應另行規劃，避開鄉村農地，亦有人認為 700 億元的建造費太昂貴而反對。最後，議案在立法會拖延了近一個月後，在建制派議員的支持下獲通過。

仍是沿用改革前的制度，政府對國家的控制仍然十分大，因此，要進行全盤的規劃，再按既定的目標推行政策，在政治制度上尚算可以。反觀香港在民主化下，政府的決策往往是各利益團體之間互相妥協的結果，難以做到全盤式的規劃，而且各項政策需要經過詳細的諮詢及討論，否則將出現類似"**高鐵事件**"的大規模抗爭，這是香港難以參與內地規劃的核心原因，亦是"一國兩制"的根本問題。

100 內地與香港關於建立更緊密經貿關係安排（CEPA）

港澳辦主任王光亞在訪問香港期間，高調地評論香港的房屋問題，認為處理不當將會引致政治問題，令一般港人覺得是以京官的身分干預香港內部的事務。不過，由於説出了大部分市民的心聲，港人對這種干預似乎甚為受落。相比起經濟、民生以外的政治問題，中央官員若有任何批評多會引起社會的強烈反彈，最近王主任對公務員管治香港的評論就是最佳例子，因其批評香港的公務員只懂執行，而不精於宏觀規劃。

港人可能認同公務員不懂規劃，只知執行的這個評論，但卻同時認為王主任不應就香港的政治問題公開發表意見。同樣是評論，卻得出不同的反應，反映港人對政治干預的敏感度非常高。然而，政治、經濟及民生是否可以截然分開呢？一些經濟、民生政策的干預，長遠而言有其政治的影響及含意，正如王主任自己所提出的，民生問題搞不好，將變成政治問題。所以回歸以後，特別在 2003 年"沙士"後，中央政府對香港提供的各項經濟優惠政策，特別是內地與香港關於建立更緊密經貿關係安排，即 CEPA，港人在接受之餘，又有沒有考慮其社會及政治效果呢？

CEPA 的內容

CEPA 是一項 2003 年香港經歷"沙士"後，中央協助香港重振經濟的措施，有關安排的文件在 2003 年 6 月 29 日由當時的國務院商務部副部長安民與香港特區財政司司長梁錦松所簽訂，目的是取消雙方的關稅及開放內地的服務業市場予香港的專業人士，如會計師、建築師等。協議分三個範疇，包括：

　　1. 貨物貿易方面：香港的貨物若符合內地原產地規則，可享零關稅優惠；

　　2. 服務貿易方面：容許香港 17 個專業服務行業進入內地市場；

　　3. 簡化香港到國內投資、通關等的手續。[50]

CEPA 的負面影響

　　各項措施雖的確有助香港重振經濟，但是，亦有其負面效果。

　　首先，有關優惠會造成專業北移。香港在 80、90 年代因為大量工廠北移，令不少製造業工人失業，他們花了好些時間轉型到服務性行業，例如從事輔助工作、辦公室清潔、文儀用品銷售及維修等。但是隨着專業人士北上，對這些工種的需求減少，會令這些人士再次陷入失業危機。所以 CEPA 受惠的可能是廠家或專業人士，但卻對低下層造成負面影響，最終上層人士收入大增，而下層則面對失業，成為香港貧富懸殊的其中一個成因。

　　再者，令人更關注的是其長遠的政治效果。2010 年有關興建高鐵的討論已突顯了中港經濟融合，香港若要進一步得到內地經濟發展的好處，在基建或經濟政策上需要配合內地的發展。然而，當一些相應的措施不為港人接受時，便會引起類似

50　資料源自特區政府工業貿易署的網頁 http://www.tid.gov.hk/tc_chi/cepa/

高鐵事件的矛盾，造成政治風波。而且，所謂中港經濟融合，是香港這個小型而停滯的經濟向龐大且躍升中的內地經濟靠攏，形成一種經濟上的依附。當香港的經濟命脈控制在中央的手上，在政治上相對就難以抗拒中央的要求。這種政治受經濟影響的情況，在歷史中屢見不鮮，例如 50、60 年代東歐國家對蘇聯的依附等。而這種關係亦符合了中共信奉的馬克思主義中，以經濟決定其他範疇的觀點。正是這個原因，當台灣在 2010 年與內地簽署類似 CEPA 的 **海峽兩岸經濟合作架構協議(ECFA)** 時，遂引起不少相關的討論。然而，大部分香港人似乎仍陶醉在 CEPA 帶來的好處，未有對附帶的問題有透徹的分析。

> **海峽兩岸經濟合作架構協議，ECFA：** 海峽兩岸經濟合作架構協議是內地政府回應馬英九在 2008 年競選總統時所提出的兩岸經貿互惠的協議。協議於 2010 年 6 月 29 日在重慶市由兩岸的代表簽訂。協議內容涉及取消大部分關稅，內地開放服務業市場予台灣及改善加快兩岸投資的手續。

‖0‖ 粵港合作聯席會議

相信不少在上世紀50、60年代或以前出生的香港人，都經歷過四日供一次水的生活，但自80年代中已成絕響，因為香港自60年代引入廣東省的東江水後，缺水的情況已逐漸減少，現時廣東省每年向香港提供11億立方米的淡水，佔全港供水量的七至八成。由這個數據可以知道香港跟廣東的關係如何密切。其實，除了食水外，香港的空氣、食物等都與廣東的情況息息相關，因此在研究中港融合時，粵港的合作必定是一個主要試點，失敗的話，更遑論香港與其他地方省市的合作。有見及此，粵港兩地早在回歸初期已成立了粵港合作聯席會議，定期就雙方關心的問題進行協商。

粵港合作聯席會議

粵港合作聯席會議在1998年3月開了第一次會議，除了首年開了兩次會議外，隨後每年開會一次，出席的都是兩地的主要官員，包括香港的政務司司長及廣東省的常務副省長等。會議會就貿易、基礎建設、兩地交通、經濟及過關等問題進行討論。過去處理過的重要議題包括24小時通關、兩地機場合作及食物安全與疾病預防等議題。

為了加強兩地的合作，時任特首曾蔭權更與時任廣東省省長黃華華在2010年4月7日簽訂了"粵港合作框架協議"，就十多個項目加強合作。其中包括綜合交通運輸系統，加快兩地高速公路的建設；教育方面，增加兩地大學的合作；同時就各個重點發展的區域加強投資合作，包括深圳前海、深港河套區及廣州南沙等。事實上，兩地人民交往及商業貿易越來越密切，根據香港統計處在 2008 年公佈的《香港居民在內地居住的情況及意向》調查，在內地居住的港人有約 15 萬 5 千人，當中八成在廣東省。[51] 調查反映粵港加強合作對不少港人而言有其重要性。

粵港政制不同影響合作

然而，粵港兩地雖然在一國之內，卻有兩制之不同，在磨合方面需要花上更多時間及功夫。就以 <u>港珠澳大橋</u> 為例，廣東省政府在內地實行政府主導，權力高度集中的制度下，行事當然迅速，早在 2006 年廣東省的領導人已表示支持興建大橋。但是在香港方面，不是事事由行政當局說了算，需要經過社會及立法會的討論，結果在 2009 年 5 月才由立法會通過撥款興建。及至 2010 年一位東涌居民向高等法院提出司法覆核，質疑港珠澳大橋的環評報告，結果在 2011 年 4 月 18 日法院判政府敗訴，

港珠澳大橋：港珠澳大橋早在上世紀 80 年代已經提出，香港商人胡應湘建議興建連接香港與廣東珠海的伶仃洋大橋，其後澳門亦希望加入，故重新構思連接三地的大橋。2007 年 2 月三方達成協議，大橋全長 50 公里，整條造價約 700 億元，由三地政府出資興建。在 2009 年動工，估計 2016 年落成。[52]

大橋港方的工程需要暫時停工。由此可見，內地政府強調效率及經濟發展，而香港則着重民意及環境保護，在粵港的合作上形成衝突，實在需要兩地政府花更多心思協調。

此外，兩地之間既合作，同時亦存在競爭，在珠三角地區到底誰是發展的"龍頭"，這個問題亦令粵港的合作增加了複雜性。不過，隨着兩地的發展定位越來越明確，香港集中於金融，而廣東則轉型為高科技產業，兩地有機會由競爭轉變為互補的關係。

51　資料源自立法會秘書處資料研究及圖書館服務部的網頁
　　http://www.legco.gov.hk/chinese/index.htm
52　資料源自廣東新聞南方網
　　http://www.southcn.com/news/gdnews/zhzt/yga/ygadq/200308071260.htm

商務印書館 📖 讀者回饋咭

　　請詳細填寫下列各項資料，傳真至2565 1113，以便寄上本館門市優惠券，憑券前往商務印書館本港各大門市購書，可獲折扣優惠。

所購本館出版之書籍：_____

購書地點：_____　姓名：_____

通訊地址：_____

電話：_____　傳真：_____

電郵：_____

您是否想透過電郵或傳真收到商務新書資訊？　1□是　2□否

性別：1□男　2□女

出生年份：_____年

學歷：1□小學或以下　2□中學　3□預科　4□大專　5□研究院

每月家庭總收入：1□HK$6,000以下　2□HK$6,000-9,999
　　　　　　　　3□HK$10,000-14,999　4□HK$15,000-24,999
　　　　　　　　5□HK$25,000-34,999　6□HK$35,000或以上

子女人數（只適用於有子女人士）　1□1-2個　2□3-4個　3□5個以上

子女年齡（可多於一個選擇）　1□12歲以下　2□12-17歲　3□18歲以上

職業：1□僱主　2□經理級　3□專業人士　4□白領　5□藍領　6□教師　7□學生
　　　8□主婦　9□其他

最多前往的書店：_____

每月往書店次數：1□1次或以下　2□2-4次　3□5-7次　4□8次或以上

每月購書量：1□1本或以下　2□2-4本　3□5-7本　2□8本或以上

每月購書消費：1□HK$50以下　2□HK$50-199　3□HK$200-499　4□HK$500-999
　　　　　　　5□HK$1,000或以上

您從哪裏得知本書：1□書店　2□報章或雜誌廣告　3□電台　4□電視　5□書評/書介
　　　　6□親友介紹　7□商務文化網站　8□其他（請註明：_____）

您對本書內容的意見：_____

您有否進行過網上購書？　1□有　2□否

您有否瀏覽過商務出版網（網址：http://www.commercialpress.com.hk）？1□有　2□否

您希望本公司能加強出版的書籍：1□辭書　2□外語書籍　3□文學/語言　4□歷史文化
　　5□自然科學　6□社會科學　7□醫學衛生　8□財經書籍　9□管理書籍
　　10□兒童書籍　11□流行書　12□其他（請註明：_____）

根據個人資料「私隱」條例，讀者有權查閱及更改其個人資料。讀者如須查閱或更改其個人資料，請來函本館，信封上請註明「讀者回饋咭-更改個人資料」

香港筲箕灣
耀興道3號
東滙廣場8樓
商務印書館（香港）有限公司
顧客服務部收